「ひらめく人」の思考のコツ大全《たいぜん》

How to be a person
with great ideas

ライフ・リサーチ・プロジェクト［編］

青春出版社

はじめに

「ひらめき」は突然やってきます。

ひらめきとは、素晴らしいアイデアや考えなどが瞬間的に思い浮かぶこと。直感的な鋭さというか、ある日突然「これだ！」とピンとくるわけです。

そのためのお手伝いをするのがこの本です。思考に行き詰まったときは、ぜひ本書を開いてみてください。定番の発想法から最新のアイデア術まで、パラパラめくってみるだけで〝突破口〟が開けます。

たとえば、あえて「遠回り」したほうが成果に近づく逆説の思考法。アイデアのために生活に取り込みたい3つのクオリティ。「いつもの」を選んでいるとアイデアが枯れるワケなど、思考の壁を打ち破るためのプロの知恵やテクニックが満載です。

あれこれ考えながら、なかなかスッキリ結論が出せないなら、きっとお役に立てるはず。「できる大人」の考え方のコツを満載した一生モノの思考法事典です。

２０１７年１月

ライフ・リサーチ・プロジェクト

#「ひらめく人」の思考のコツ大全＊目次

Step1 アイデアの種をひらめく

概算が出れば核心に迫れる 16
偶然の一致をバカにしない 17
タテがだめならヨコにしてみる 18
5つのフィルターを通して考える 20
数年前のノートを見返してみる 21
まずはモデリングしてみる 22
固定観念を真っ白な頭で受け止める 23
フレームを積極的に変えてみる 24
みんな最初は「思いつき」 25
アイデアの種は「ざっくり」集める 26
「締め切り効果」を効率的に使う 27
連想ゲームで発想力を鍛える 28
アイデアのなる樹をつくる 29
「虫の目」「魚の目」でとらえる 30
アイデアを貯める 32
「、」をちょっとだけずらす 34
入力と出力はワンセットで 36
「売れ筋1位」をながめてみる 37
大笑いすれば創造力が3倍に 38
「違和感」を見逃さない 39
寝転がって考える 40
決まった時間に没頭する 41
つまらない発想こそブラッシュアップする 42
わざとひとりぼっちで過ごす 43
好奇心を持って他人を見る 44
発想とはなんぞや、と意識してみよう 45

会議は間違ってなんぼ　46
発想の方程式にあてはめる　48
どうしてタイヤの空気を抜かないの？　49
アイデアマンは3つの力を持っている　50
アイデアの種はじっくり育てる　52

Step2 次の一手をひらめく

「いつもの」を選ばない　54
ひらめきスペースを空けておく　56
ヒントはスパイクファイルに　57
「長期的視点」を持っていますか？　58
少しずつ変化をつけて繰り返す　59
いったん解散する　60
鉛筆は2本持つ　62
欠点と希望点を洗い出す　63
自分の思考パターンを認識する　64
アイデアは継ぎ足しながら使う　66
30個の「○」から連想してみる　67
テーマを枝分かれさせる　68
ぽろっと出た言葉で連想する　69
ズームアウトで糸口をつかむ　70
金持ちと一緒に歩いてみる　71
「偶然」をヒントにする　72
「切り札」を隠し持つ　74
ツキに頼るより、流れを待つ　75
甘い砂糖に群がるアリを見るように　76
「目先のこと」を考えてみる　77
いいこと、悪いことを振り返る　78
森を見てから木を見る　79
〝そのとき〟が来るまで粘り続ける　80
「自分」というフィルターを信じる　81
ときには「理論＜カン」でいこう！　82
釣り糸は魚のいるポイントに垂れる　83
ライバルは業界の外にあり　84
まずは「三方よし」で考える　85

「で、どうなるか?」を明確にする　86
ヒアリングすると〝何か〟にぶち当たる　87
2割のお宝を言葉にしてみる　88
井戸を掘るときは隣の井戸も掘る　89
「量より質」＜「質より量」　90
知らないことは強みになる　91
常に「今欲しいモノ」を考える　92
「すぐやる課」のようにすぐやる　93
「深掘力」を磨く　94
古きを訪ねて新しきを知る　95
総合プロデューサーになる　96
身近なところから手をつける　97
二進も三進もいかなくなったら旅人になろう　98
朝の習慣をマイナーチェンジする　99
川の流れのように　100
不満はエネルギーに満ちている　101
本物の情報はどこにある?　102

Step3 大事なことをひらめく

発想のデータベースをつくる　104
チーズは小さく切り分けて　106
ときには自分を信じない　107
引き算で考える　108
スキマ時間に脳をｏｎ／ｏｆｆにする　110
喫茶店をハシゴする　112
１００億円あったら何をしますか?　113
同じ穴は掘り返さない　114
失敗も発想のネタになる　115
うまくいった要因を書き連ねる　116
1アイデア、1カード　118
ゼロベースで考え直す　119
不思議なものを見つけたら妄想する　120
反対の立場に立つ練習をする　121
「図版データベース」をつくる　122

「朝イチ会議」は朝イチに 123
〝ひと言〟で「考える力」をつける 124
子供の素朴な疑問をマネてみる 125
暗闇の中にこそ大発見がある 126
思いつきを書き出せば夢がかなう 127
25分の集中と5分の休みを繰り返す 128
4コマ方式で思考を広げる 129
基本の「3T」を押さえる 130
ダジャレを言ったのは誰じゃ? 132
NGワードを設定する 133
上位50件を検索する 134
面白い本を常備せよ 135
〝秀吉流〟を加えてみる 136
想像もつかない相手を指名する 137
迷わず現場に足をはこぶ 138
脳内イメージでタグづけする 140
昔気質はほどほどに 141
紙に出して自分で赤入れする 142
リスケを怖れてはいけない 143
盗み聞きしてひざを打つ 144
みんなで批判し合えばこわくない 145
チラシは読んでから捨てる 146
小箱に「きっかけ」を入れておく 147
ショップの売れ筋は参考にしない 148
アイデアを持つ人の輪に加わる 149
フタをイノベーションしてみる 150
一定の休み時間は効果あり 151
街行く人をナナメから見る 152
複数の目でデータを見る 153
「いい質問」で「いい話」を聞く 154
ストーリー仕立てでブレない 156
コンビニの棚を定点観測する 157
アナログカードだからこそ効率がいい 158
合体はヒットのセオリー 160
思いつきノートで自分自身と対話できる 161
切り抜きながら発想がみるみる溜まる 162

Step4 突破口をひらめく

"思考の迷子"にならないために 164
左手を使ってみる 165
二度、ダメだしする 166
無の境地になれることをする 167
遠回りしてみる 168
"同じ"を変えてみる 169
冷静な自分を3割残しておく 170
ボードの上で考えをスパークさせる 171
「3つのクオリティ」を生活に取り込む 172
迷いは宣言して吹っ切る 174
西からも東からもゴールはめざせる 175
虫の知らせがあったら立ち止まる 176
粘り強くブレイクスルーを待つ 177
ベルトコンベアーを見てひらめく 178
プライドをいったん捨ててみる 180
苦手な分野こそ宝の山 181
凝り固まったら本屋を散歩する 182
5つのことに共感する 183
コントロールできないものは無視する 184
急がば回れ 185
非現実的なアイデアを混ぜる 186
原因と結果を結びつけない 187
アンチなアイデアを考える 188
将来よりも生来に目を向ける 189
あの人だったらどう考えるか 190
分母を変えればバリエーションが広がる 192
ノルマは1日1個から 193
「ドラえもんだったら…」で考える 194
"火つけ場所"を見極める 195
可能な限り具体的に考える 196
背水の陣を逆手に取る 198
まるで縁のない場所に行ってみる 199
マイナスにプラスを足して相殺する 200
失敗を別モノにする 202

「おやじギャグ」を連発してみよう！　204
余った時間は睡眠時間ではない　206
「ボツ・ミーティング」を開いてみよう　207
失敗は〝糧〟ととらえる　208
イラ立ちを工夫する　209
嫉妬心をバネに転換する　210
たまにはクラブに行ってみる　212
古代メソポタミアが生んだひらめきとは？　213
考えるともなく考える　214
ホームズが見ているもの　215
アインシュタインを見習おう　216
小難しいアイデアは使えない　217
思考の切り替えスイッチを持つ　218

Step5
何もないところからひらめく

「ラ・テ欄」はヒットを生む金の卵　220
思いもよらぬ発想に着目する　221
井戸端会議に耳をそばだてる　222
本質を見失わない三現主義のメソッド　223
ヒットの裏側にある4Pを探ってみる　224
小さな1点を見つめる　225
ごちゃごちゃをアウトプットする　226
「なぜ」を5回繰り返す　227
無責任に夢を語り合う　228
童心に返る　229
立って仕事をしてみる　230
落書きを楽しむ　231
この〝感じ〟を本棚で温める　232
小さなノルマを課す　233
不便な状況に身を投じてみよう　234

楽しいワンテーマを追求する　235
群から独立する　236
小さな切り抜きは裏紙で管理する　237
虫を見て人の心をつかむ配色を知る　238
手帳は仕事＋プライベート＝1冊で　240
ビジュアル化して考える　241
情景を切り取ってタイトルをつける　242
もしも予算が足りなかったら…　243
アイデアをマトリクスに落とし込む　244
集中力が欠けたらPCの整理をする　246
小さな誤差を甘く見ない　248
「一人発想ノート」をつける　249
企画書は「松」「竹」「梅」で　250
コーネル大学式ノートを埋める　251
ノートは雑多なほうがいい　252
「時」と「場所」もメモする　253
寝ぼけ眼で〝朝メモ〟をする　254
一面だけで判断しない　255
3色マーキングテクを使う　256

芝居がかると妙案が浮かんでくる　257
「あと一歩」が出なくなったらとっとと帰る　258
ブレストは手書きがおススメ　259
「素材」は使い切らない　260
ひらめきを録音する　261
赤い手帳は今も生きている⁉　262
モニタリングされた人を観察する　263
プロにたずねる　264
非常識な人を受け入れる　265
役割を見直す　266
お客さんは何を望んでいるのか　267
リアルな数字を身につける　268
災い転じて売り切れとなる　270
ビジュアルに固執しない　271
人が出会い、目を合わせると何かが生まれる　272
選び出すセンスを持つ　274

Step6

「進むべき道」をひらめく

空間認識能力を鍛える 276
少数派になることを恐れない 277
二者択一のトラップに引っかからない 278
エアロバイクを漕ぎながら考える 280
視点をずらして考える 281
アイデアを刺激したいなら好みの色で 282
ワクワクする5年後を想像する 283
洗いざらい話せる異性の友達はいる? 284
あえて「ロングテール」を狙う 285
朝の1時間をムダにしない 286
「あの人のために」と想定してみる 287
熱くなる前にいったん寝かせる 288
理想は笑われるくらい高く 289
「やりたいこと」より「やらないこと」 290
身近な「困った」を探す 291
「モノの言い方」が評価を決める 292
ひらめきはいったん寝かせてみる 294
適応力を海外で全開にする 295
〝別キャラ〟になれる場所をつくる 296
手つかずの鉱脈は先に掘れ! 298
散歩は好きですか? 299
満塁ホームランばかりを狙わない 300
「カオス」を含んでみる 302
予想を裏切るおもしろさを考える 303
ハマる時には無心でハマってみる 304
動くモノの前後左右を見る 306
コストカットの流れに乗らない 307
もしも戦国武将がPCを手に入れたら? 308
クレイジーなアイデアなんてない 309
デメリットも反転させるとメリットになる 310

Step7 新しいことをひらめく

対岸にあるものを考えてみる 312
聴き「ながら仕事」のススメ 313
ペンと紙をあちこちに置いてみる 314
企画書を再利用する 315
いきずりの会話でヒントをいただく 316
「計画された偶発性理論」を応用してみる 318
ひらめきを「朝メモ」でストック 319
体が動けば脳が動き出す 320
脳が好む思考法を探す 321
アイデアを似た者同士でくくる 322
ガス抜きできる場所をつくっておく 323
賞味期限を気にするクセをつける 324
青ペンで書きこむ 325
手をちょっと動かしてみる 326
「当たり前」のことをする 327
他人のアタマを拝借する 328
一貫していることにこだわらない 330
過去の栄光は捨て置く 331
記号を使って言葉をつなげてみる 332
喫茶店でおしゃべりする 333
まず、タイトルを決める 334
ピン！ ときたら自分で自分にメール 336
小さな本屋さんをのぞいてみよう 337
二番手は最新情報ナリ 338
弱虫になったら「しぐさ」を改造する 339
5つ数えて集中力を取り戻す 340
時には思い違いをしてみよう 341
〝ポーズ〟が集中力をアップさせる 342
大げさなタイトルをつけてその気になる 344
相手の〝面白い〟のツボを知る 345
「限定」を意識してみる 346
あえて空気を読まない人になる 348
天気の話で〝幅〟を広げる 350
野生のカンで走る 351

未来のトレンドを閲覧する 352
"超短昼寝"でひらめき力を上げる 353
クレームに改善箇所を探させる 354
モニターと一緒に買い物に行く 355
現実味が増す数字の挟み方とは？ 356
ことわざでひと味つける 357
名づけ親になってみる 358
「暗記」で思考力を刺激する 359
サプリになる人を得る 360
色メガネで物事を見る 361
ひねくれ者の感性を学んでみる 362
アトリエを持とう 363
もう一歩、先へ！ 364
まずアホらしいことを言ってから 365
鵜の目鷹の目で、自腹で呑む 366
常識を覆すと高値で売れる 367
誰にとって不完全なのか 368
ところ変われば… 369
身の回りの珍現象を探せ！ 370

しなびたダイコンはまだ使える 371
"ゆるい気分"で書き写す 372
使い道は本当にそれだけ？ 373
レム睡眠が発想を手助けする 374
おもちゃ売り場は大人の世界の縮図 375
キリが悪いところで終わらせる 376
定時にあがって畑を耕す 378
行きつけのマスターになってみる 379

カバー写真提供■© 山本正明 /WAHA/amanaimages
本文イラスト■角愼作
■MJgraphics/shutterstock.com
■Best Vector Elements/shutterstock.com
DTP ■フジマックオフィス

Step 1

アイデアの種をひらめく

概算が出れば核心に迫れる

「飛行機にゴルフボールをいくつ積み込めるか？」
「マンハッタンにはいくつのマンホールの蓋があるのか？」
これは、かつてグーグルなどのＩＴ企業が採用試験で行って話題になった「フェルミ推定」の問題です。

このような現実的に調べるのが難しい数を、実際の大きさや面積、人口などの手がかりをもとに理論的に回答を導き出すのです。

その後、グーグルはこのような試験が人事選考に役に立たなかったと廃止しましたが、とはいえ具体的に深掘りするには役に立つ考え方です。

モノやサービスを必要としている人の概算がわかれば、漠然としたアイデアはグッと核心に迫るものになるのです。

偶然の一致をバカにしない

「勘に頼る」というと、論理的に考えずに思いつきだけで行動しているようで、ビジネスパーソンとしてはいかがなものかと首をひねる人もいるでしょう。

しかし、1日に何度も同じことを見聞きしたり、直観でひらめいたことがその直後に現実になったりするような偶然の一致を軽く見てはいけません。

このような体験は、「シンクロニシティ」と呼ばれる現象で、そこには何かしら重要な意味があるからです。

「あっ、シンクロニシティだ！」

とピンときたら、まずそのひらめきをすぐにアイデアに昇華させるべきです。周囲を説得するためのデータや根拠は、あとづけでもかまいません。

タテがだめならヨコにしてみる

人間の発想というのは、どうしてもそれまで経験したことや今身についている知識に頼りがちになります。これを「垂直思考」というのですが、これではとことん掘り下げてしまうとそれ以上の発想は期待できません。

そんな頭打ちの状態になったときに役立つのが「水平思考」です。これは既存の理論や概念、自分の知識と経験にとらわれずに発想の枠を超えて拡大していく発想法です。

あの任天堂を世界的ゲームメーカーに成長させた立役者のひとりである横井軍平氏も、この水平思考によって世界で1億台以上を売り上げた『ゲームボーイ』を誕生させたといいます。

５つのフィルターを通して考える

「会いに行けるアイドル」をコンセプトに大人気を博したＡＫＢ48。企画を考えるときは、まずこのような軸となるキーワードがほしいものです。とはいっても、たとえば自動車なら「ドライブを楽しく」のような一般的なキーワードにとらわれてしまうと、なかなかオリジナルのものにまでたどり着きません。

そこで、思い出してほしいのが「高・極・広・融・深」の「５力」です。

５力とは「高い視点で見る」「極限で考える」「広い視野で見る」「複数の要素を融合させる」「１点に深く集中する」ことで、この５つのフィルターを通して考えると、オリジナルのコンセプトやキーワードが見えてきます。

数年前のノートを見返してみる

1人の人間が持っている数千億個ともいわれる体内細胞は、毎日生まれ変わっているといいます。ということは、考え方や思いも更新されているのでしょうか。

もし手元に数年前に使ったノートがあれば見てください。当時の発想やモノの考え方に新鮮味を感じませんか。

自分は当時、こんなことを考えていたのか。でも、今ならこう考える…などと新たな思いが湧いてきたら、「1人ブレスト」タイムの始まりです。

つまり、過去の自分の意見や考え方を反映しながら、思いついたことをとことん突き詰めて考えていくのです。

この時間を持つことで、無意味な情報に左右されない自分の〝核〟となるアイデアを育てることができるようになります。

まずはモデリングしてみる

心理学では模倣の心理を「モデリング」と呼びます。憧れのモデルのようになりたいからと、彼女と同じ服を購入することなどがそれに当たります。

そこで、ときには「いい案だな」と感じた他人のアイデアを真似してみましょう。凝り固まった考えから脱け出すには有効な手段となるはずです。

ただし、ただのサル真似は禁物です。それではその人のコピーに終わってしまい、オリジナリティがありません。

「凡人は模倣し、天才は盗む」という金言を残したのは、パブロ・ピカソです。

まず、マネることから始めてみませんか。

固定観念を真っ白な頭で受け止める

自分や、身近にいる人が関心を持っていない分野だからといって、「これは日本人にはウケない」と却下する。

でも、それって本当でしょうか。

現代はグローバル化の時代です。個人の好みが多様化していて、何が大ヒットにつながるかわかりません。

調べてみると、じつは一定数のコアなファンがいることがわかり、目からウロコの～ということも珍しくないのです。

自分の感覚はもしかすると固定観念に縛られているかもしれないと疑ってみてください。頭を真っ白にして受け止めてみることも大切です。

フレームを積極的に変えてみる

同じ構図、同じモチーフの写真でもシンプルな木製のフレームに入れるか、それとも装飾がたくさんついた陶器のフレームに入れるかで、写真の見栄えはかなり違ってきます。

これは、考え方でも同じことがいえます。

あるひとつの商品をどう売るかを考えるときに、「どこで」「誰に」「どうやって」売るかなどの方法をさまざまなフレームに当てはめてみるのです。

すると、最初は女性向けの商品だと思っていたものが、意外にも男性にも受け入れてもらえることがわかり、むしろそのほうがインパクトがあることに気づいたりします。

柔軟性のあるアタマにするためにも、フレームを変える作業は積極的にやってみるべきです。

みんな最初は「思いつき」

アップルがリリースしている「Music Memos」という公式アプリがあります。

これは、ふと思いついた曲を歌って録音すると、そのメロディーにコードがふられ、ドラムやベースの伴奏を追加することもできるというすぐれものです。

まさに思いつきを〝カタチ〟にするアプリなのです。

新しい音楽も、企画も、最初は思いつきからスタートします。くだらないものだと却下しないで、どんな小さなことでもきちんと記録しておきたいものです。

アイデアの種は「ざっくり」集める

自分の身の周りを見まわしてください。アイデアの種が無数に存在していることに気づきませんか。

それを効率的に集めるやり方のひとつが、「ざっくり」集めるという方法です。

あらゆる情報をくまなく精査しようとすると手間も時間もかかります。あくまでも大ざっぱに把握するというスタンスを続けることで、ハードルを下げるのです。

気になったことをワンフレーズで書き留めておく程度なら通勤途中や休憩中、ランチの最中でも気軽にできます。その積み重ねが、いつしか膨大な数のストックになるでしょう。

「締め切り効果」を効率的に使う

「締め切りの前日になると、俄然インスピレーションが湧いてくる」と言ったのは、漫画家の手塚治虫です。

漫画界の巨匠ならずとも、締め切り直前になると集中力が高まり、一気に作業スピードが上がるという人も多いのではないでしょうか。

これは「締め切り効果」という心理作用によるものです。人間には締め切りが設定されると「間に合わせよう」という緊張感が生まれ、集中力が高まる性質があります。

これを利用して、企画を練るときにも締め切りを設けてしまいましょう。日時を手帳に書き込んだりデスクに貼ったりして、常にチェックする習慣をつけます。

連想ゲームで発想力を鍛える

発想力を鍛えるためには「連想ゲーム」がおすすめです。ひとつのキーワードから縦横無尽に思考を広げていくのです。

意識してほしいのは、接近・類似・対照・因果の4つの法則。たとえば「接近」なら、ケーキというテーマから誕生日やろうそくなど近くにあるものを連想します。

「類似」は似ているもの、「対照」は対比されるものや対立するもの、そして「因果」はある事象を原因として結果を連想するもので、「雨が降る」↓「道が濡れて滑る」といった具合です。

こうした豊かな連想力を味方につけることで斬新でユニークな発想が生まれます。ゲーム感覚で楽しみながら試してみては？

アイデアのなる樹をつくる

ポスト・イット（ふせん）は、アメリカの化学メーカー・3Mに勤めていた研究員のスペンサー・シルバー氏が接着剤を開発中に思いついたものです。

今ではなくてはならない文具のひとつですが、いろいろと工夫している人も多いと思います。そこで、1つのネタから複数のアイデアを生み出す㊙メモ術です。

まず、1枚のふせんに1つ、ひらめいたことを書きます。そして、それを手帳やノートにランダムに貼っていきます。

そうして、いざアイデアをまとめる段になったらそれらのふせんをグループ分けします。並べたり、パズルのように組み合わせてみてください。

俯瞰することで新たなアイデアが生まれたり、仕分けの途中でも意外な見方に出会ったりするかもしれません。そんな「アイデアのなる樹」はどんどん成長してくれます。

「虫の目」「魚の目」でとらえる

客観的な視点の重要性を説くとき、「俯瞰」という言葉がよく出てきます。これはいわゆる「鳥の目」のことですが、できれば、ここに「虫の目」と「魚の目」も加えたいところです。

虫の目は、小さな虫が目の前の葉っぱを凝視するように、グッと焦点を絞ることです。ピンポイントで見ることによって、狭く深くの思考が身につきます。

一方の魚の目は、周囲をうかがいながら潮流に乗る魚のように、物事の全体の流れを把握しようとする目です。

こうすれば現在地も見失わないので、軌道修正もスムーズにいくはずです。

アイデアを貯める

５００円玉貯金は意外と貯まるものです。半年後には数万円にもなったりするので実行している人は多いのでは。

でも、貯金箱はお金が必要になって取り出してしまえばそれまでですが、アイデアは使おうと目減りはしません。そこで、「アイデアのネタ帳」をつくることをおススメします。

１、いつでも、どこでも引き出し可能

２、「ここはもう少しこうしたほうがいい」という〝オマケ(利子)〟つき

３、大バケ、一攫千金の可能性があり！

もうひとつ、ネタの使いまわしができる点です。よくお笑い芸人は自分たちのネタ帳を持っていますが、あれと同じです。

「、」をちょっとだけずらす

私はあなたが好きだ。

私は、あなたが好きだ。

私はあなたが、好きだ。

――この違いわかりますか？

ジャーナリストを養成する学校で、ある講師が生徒に文章の書き方を教える時に使う課題です。

読点（「、」）をちょっとずらしてやるだけで、相手に対する「好きだ！」という気持ちがだんだんと強くなってくるのがわかるでしょう。

発想も同じです。

まず、頭に浮かんだフレーズを紙に書いてください。そこに「、」を打って、ちょっとずつずらしていきます。ほら、別の何かが見えてきませんか。

入力と出力はワンセットで

多彩な知識があってこそ、豊かな発想は生まれます。

そのためにいろいろな書物を読んだり、人から話を聞いたりしているという人も多いでしょう。

ただ、情報は見聞きしただけでは自分の中に定着しません。しっかりと知識として定着させて自分のものにするためには、インプットした情報をアウトプットすることです。

つまり、新たに覚えたことを人に話したり、ノートに書いたりして、何度もその情報を反芻《はんすう》することで血肉となる情報になるのです。

インプットとアウトプットは２つでワンセット。これを忘れないようにしましょう。

「売れ筋1位」をながめてみる

大型家電量販店でどの商品を買おうか迷っているとき、「売れ筋1位！」というPOPに駆られてつい買ってしまった、という人は多いのではないでしょうか。

これは「多数者の原理」といって、「大勢の人が賛成していることは正しい」という心理が働くためで、1位の商品に人は安心感を抱くのです。

それにしても、多くの人が賛成している理由は何なのか。

さまざまな分野の売れ筋1位の商品を並べてみてください。それらの共通点を探してみると、誰もが食いつくような思わず「へえ〜っ」と唸りたくなるような切り口を発見できるかもしれません。

大笑いすれば創造力が3倍に

アメリカのボルチモア大学のアリス・アイセン博士が行った調査によれば、「大笑いすると創造力が3倍になる」という結果が出たそうです。

心理学的にも、人は悲観的になると視野が狭くなり、反対に楽観的だと視野が広くなるといわれています。

これは行動的にもまさにその通りで、落ち込んでいるとうつむきがちになりますが、気分が明るくなると自然に前を向くものです。

気の置けない仲間との雑談でも、お笑い番組でもかまいません。自分には発想力が足りないなと感じたら、意図的に大笑いする時間を持ってみてください。

「違和感」を見逃さない

プロ野球のピッチャーが故障すると、スポーツ紙のほとんどは○○投手が「肘の違和感」とか「肩のハリを訴え降板」といった見出しで報じます。その後、休養と治療を経て、最悪は手術にまで発展するケースも少なくありません。メジャーリーガーのダルビッシュ有投手も、肘にメスを入れたため1年間の休養を余儀なくされました。

ビジネスも同じで、「これ、何か違うな」と感じる部分があったら、その感覚を捨てて置かないこと。そこには大きなヒントが隠されている可能性があります。

手術後のダルビッシュ投手が、めきめきとパワーアップしているのと同じように、違和感さえ見逃さなければ、そのプランは大きく飛躍するかもしれません。

寝転がって考える

アイデアを捻り出すというと、机でパソコンに向かいながら、街を歩きながら、電車の中で…などなど、さまざまなシチュエーションがありますが、そこにぜひ「横になりながら」という行為を加えたいものです。

ひらめきを得るには、何よりもリラックスした状態であることが必須条件です。その点、寝転がって考えるスタイルは体によけいな力が入らないので否応なしにリラックスできるうえ、集中力がグンと増します。

さすがにオフィスでというわけにはいかないので、休日に自宅で試してみてください。

決まった時間に没頭する

ひらめきは突然訪れるものですが、とはいえ「天からメロディが降ってきた！」などと語る天才ミュージシャンのようにはいきません。やはりアイデアは思考の準備が整ってはじめて浮かんでくるものなのです。

そこで、１日のうちに「アイデア出し」専用の時間をもうけることをおススメします。

たとえば朝の通勤電車の中で10分、ランチを食べ終えたあとの10分、風呂上がりの10分間。この計30分間だけはひたすら考える時間と決めるのです。10分という短い時間なら集中力も続きますし、何も出なかったら出ないでかまいません。

決まった時間に没頭することが肝心で、すると思考力がみるみるついてくるのです。

つまらない発想こそブラッシュアップする

「これじゃあ、つまらないな」

「じゃあ、これは？」

「これじゃ、やっぱりダメだ、〝いいね〟って言ってもらえないよ」

…こんな会話を頭の中で1人でやっていませんか？

たしかに、アイデアは人から評価されることが一番ですが、いいものだけを出そうとすると、考えること自体が苦しくなってしまいます。

だから、まずはつまらないものから出していくことです。そうして、徐々にクオリティを上げていけばいい。

また、「駄作×駄作」でも、きらりと光るアイデアに変化することもあるので、つまらないからといってゴミ箱に直行させずに、きちんと手帳などに書き残しておきましょう。

わざとひとりぼっちで過ごす

人と話をしながらはじめて通る道を歩いていると、道順が覚えられなかったりするものです。これは、話をしていることに意識が集中していて周囲がよく見えていないから。

同じように、いつも人と群れているとどうしてもコミュニケーションをとることに夢中になってしまい、世の中の変化に注意が向かずに鈍感になってしまいます。

よくよく見てみると自分の生活圏内にも発想のヒントはたくさんあるのに、見逃してしまうのはもったいないと思いませんか。

だから、ひとりでいる時間を意識的につくりましょう。それだけで、簡単に視野を広げることができるのです。

好奇心を持って他人を見る

小さな田舎の食料雑貨店を世界最大の小売業に成長させたウォルマート創業者のサム・ウォルトンは、人に強い好奇心を持っていました。

そのウォルトンはこう語っています。

「他人の間違いに興味を持ってはいけない、正しいことだけに興味を持つ」

そして他人がやっている正しいことを、さらに洗練させることで富を生み出してきたのです。

好奇心を持って他人を見れば、十人十色のヒントが見えてきます。

発想とはなんぞや、と意識してみよう

いい発想が浮かばないと嘆く人は、情報を集めて分析することばかりに時間を割いていることが多いものです。

しかもそうやっているほうが、仕事をしているという実感があったりするものですから、つい情報集めと分析に重きを置いてしまいます。

しかし、それでは考えていないのと同じ。だから、何も浮かばないのです。

発想とは、つまり自分の考えのことです。

そのデータから何を感じ、どう判断したか。その〝考え〟を上司や取引先は欲しがっているということを意識してみれば、何かが湧いてくるはずです。

会議は間違ってなんぼ

小学校の授業中のことを思い出してください。手を挙げるのが苦手な同級生が必ず何人かはいたものです。理由はというと、「間違えるのが恥ずかしいから」でした。

このような〝間違えるのは恥〟という感覚を大人になっても持ち続けている人がいますが、残念ながらその意識こそが間違いです。

アイデアには「正解」も「不正解」もありません。むしろ、発言しないことが不正解だともいえるでしょう。

戦後の小中学校で教鞭をとった時田晋治さんの『教室はまちがうところだ』という詩がありますが、会議や打ち合わせも間違うところなのです。

発想の方程式にあてはめる

発想がユニークで豊かになるコツがあります。それは、「仕事の専門知識」と「枝葉の知識」を同時に鍛えるというものです。

枝葉の知識とは仕事とは直接関係ないけれども、少しでも関連するもののことです。たとえば不動産関係の仕事なら3次元を組み立てるレゴブロックとか、木材の産地、アートなどなんでもいいのです。

専門知識は、いわば木の幹。その枝葉となる知識も探り、それを何倍にも増やすことでもっと豊かな視点を持つことができるのです。

どうしてタイヤの空気を抜かないの？

こんな小咄《こばなし》があります。
トラックが橋をくぐろうとしたら、荷台が橋の下に挟まってしまいました。
ぴったりと収まっているので前進することもバックすることもできません。
さて、どうするか。
トラックの運転手や道路公安官、土木技師などが集まって知恵を絞り出し、
「やはり橋を破壊するしかないか」と、話がまとまりかけたところに少年が
通りかかって言いました。
「どうしてタイヤの空気を抜かないの？」
きっと、これを聞いた大人たちは拍子抜けしたことでしょう。
シンプルに考えることが何より一番だというお話です。

アイデアマンは3つの力を持っている

「傾聴力」「発言力」「コミュニケーション力」

これは、いわゆるアイデアマンといわれる人が持っている３つの優れた能力です。

傾聴力は人の話に耳を傾ける力で、相手の言葉を遮ることなく、心の中にある感情を話させること。

また発言力は、自分の意見をきちんと伝える力のことです。感情的にならず、でも情熱を持って話します。

そしてコミュニケーション力ですが、これは傾聴力と発言力にプラスして協調性があることです。

結局、いい人間関係を築くことからいいアイデアは生まれるということでしょうか。

アイデアの種はじっくり育てる

打ち合わせなどでたくさんの人間が集まると、意見はそこそこ出るもののいっこうに結論が出なかったという経験はないでしょうか。せっかくいいアイデアが生まれても、それを掘り下げることができなければ何の意味もありません。

それを深く掘り下げるために大切なのは、自分と向き合う時間を持つことです。１日10分でいいので、完全に１人になる時間をつくりましょう。周囲の雑音をシャットアウトして、他人の意見に惑わされることなく１人で黙々と考えをめぐらすのです。

思考を深めることで、本当に必要な情報や具体的なビジョンが見えてきます。アイデアの種は１人で、そしてじっくりと育ててください。

Step 2

次の一手をひらめく

#「いつもの」を選ばない

行きつけの店のいつもの席に座り、「いつもの」と言うだけでいつもの飲み物が出てくる。ラクなのは確かですが、これを続けている限り、新しい味との出会いはありません。

仕事も同じです。いつも前例のある無難なやり方ばかりを踏襲していると、「思考の保守化」や「思考の定番化」に陥って、新しい発想に出会うチャンスを逃してしまいます。

とはいえ、新しいことに挑戦すると、大コケして大損を出してしまう可能性もあるので勇気も必要です。

いきなりすべてを新しくすることはありません。少しずつでもいいので、マイナーチェンジすることを常に心掛けておきましょう。

ひらめきスペースを空けておく

いろいろな情報を収集して蓄積しておくと企画を考える際のヒントになるからと、むやみやたらと新聞や雑誌を切り抜いたり、モノを集めたり、サイトを「お気に入り」登録したり…。

気がつくと会社のデスクやパソコン、ビジネスバッグの中までどうでもいい情報に占領されてはいないでしょうか。

思い切って捨ててしまえば、頭の中にぽっかりとひらめきスペースが生まれますよ。

ヒントはスパイクファイルに

生涯に1万枚以上の手稿を残したレオナルド・ダ・ヴィンチのように、天才にはメモ魔が多いそうです。

ひらめきを得るには、メモが大事というのはもはや常識。

ただ、このどんどん集まる紙の情報を整理するのは苦手という人も多いものです。

そこで活用したいのが、スパイクファイル。昔ながらの喫茶店のレジの横などに置いてある、いわゆる伝票刺しです。メモや切り抜きもとりあえずここに刺してストックしていけば、一瞬のひらめきを逃すことがないのです。

超アナログながら、発想力を支えるよきパートナーになってくれることは間違いありません。

「長期的視点」を持っていますか？

広告をいっさい載せないことで知られる雑誌『暮しの手帖』は、初代社長である大橋鎭子氏の「女の人をしあわせにする雑誌がつくりたい」という志から生まれたといいます。

戦後の厳しい時代を生きる女性のためにという長期的視点があったからこそ、衣食住におけるさまざまなテーマに取り組みながらも、消費者の立場に立った情報を提供するというスタイルを貫くことができたかもしれません。

もし、短期的な見方だけで雑誌づくりを考えてしまうと、きっと流行を後追いし、世の中に迎合するだけの意味のないものになっていたでしょう。

「長期的視点」、きちんと持っていますか？

少しずつ変化をつけて繰り返す

「だって、この色」
「何しろ、この色」
「とにかく、この色」

というように、何度も「この色」を繰り返されると「いったいどんな色なのだろう」と気になるものです。

これはＣＭなどでよく使われる手法で、アピールしたいことを少しずつ変化をつけて繰り返すことで、消費者により強い印象を残そうとしているのです。

こういうやり方も発想のとっかかりになりますね。

いったん解散する

こんな実験があります。

数人ずつのグループに綱引きをさせてその力を測定してみると、２人で引っ張ったときには１・93人分の力なのに、３人で引っ張った時には２・85人分になりました。

これは「リンゲルマン現象」と呼ばれるもので、集団の数が増えると、必ず手を抜く人間が現れて、持てる力が１００％発揮されないのです。

みんなで一緒になってアイデアを出し合うのもいいのですが、それでうまくいかないときには、お互いに甘えが出ているのかもしれません。

そんなときはグループディスカッションをいったんやめて、それぞれが課題を持ち帰ってから再び集まることにすれば、妙案が生まれるかもしれません。

鉛筆は2本持つ

ある中学校の先生が、「受験当日はきちんと削った鉛筆と、まっさらな削っていない鉛筆を2本持っていきましょう」と言いました。

なぜ、まっさらな鉛筆？

それは、弁当の箸を忘れても新しい鉛筆が2本あれば食べられるから、という意味で、実際に食べられるかどうかは別として、この先生の柔軟な発想は受験生の張りつめた緊張感をさぞかし緩めてくれたことでしょう。

「鉛筆は書くもの」「イスは座るもの」と決めつけることによって、頭は固くなり、発想の根も枯れてしまいます。

常識にとらわれず、多面的にものを見る習慣を身につけましょう。

欠点と希望点を洗い出す

欠点の対義語といえば利点ですが、「希望点」を見つけ出すことで問題の解決策を見出すことができる方法があります。

これはグローバル企業ＧＥの子会社が考案したフレームワークで、「欠点列挙法・希望点列挙法」といいます。

まず、複数人でブレストをして、テーマについての欠点を次々と思いつくまま出していきます。そうしてそれらの欠点をしっかりと認識したうえで、次は「こうなればいいな」という希望点を列挙していくのです。

すると、何を改善すればよりよくなるのか、解決策が浮き彫りになります。

自分の思考パターンを認識する

鉄鋼王のアンドリュー・カーネギーは、火事で焼け落ちた木の橋を見て鉄の時代の到来を直感したそうです。

実際に彼は鉄橋をつくる会社を設立して成功し、鉄鋼業への第一歩を踏み出したのですが、これは彼の「メタ認知」能力が高かったからです。

メタ認知とは「認知を認知する」、つまり「自分が知っていることを知っている」ということです。

カーネギーは、「木が火災に弱く、鉄は強いということを知っている自分」を認識していました。そして、「鉄を使った商売でうまく儲けられる自分」も客観的に認識していたのでしょう。

自分の思考のパターンを認識していると、発想の幅がぐんと広がるのです。

アイデアは継ぎ足しながら使う

老舗のうなぎ屋の味の決め手といえば秘伝のタレ。うなぎのエキスがしみ込んだタレはどこにもマネのできない味になっています。

それと同じように、アイデアも一度きりで処分してしまってはじつにもったいない。

懸命に知恵を絞ることを続けていくと、発想力も熟成されて深味が増してくるものです。継ぎ足し継ぎ足しで使って、タレ壺の中のタレ（アイデア）は常に八分程度にしておくのがコツです。秘伝のタレは腐りませんから。

だから、もし今回はボツだったとしても、何か月後かにそのアイデアを手直ししてみるとキラリと光る企画になったりするのです。

30個の「◯」から連想してみる

クリエイターやデザイナーの卵たちが通う学校では、発想力を鍛えるためにさまざまな訓練法を取り入れているそうです。

その中に、「30サークルズ」という手法があります。

これは紙にフリーハンドで30個の円（◯）を書き、制限時間内に「円」から連想するものをそれぞれの円の中に絵として描きこんでいくというものです。

ひとりよりも友人や同僚と遊び感覚でやったほうが断然盛り上がります。

円だけでなく、単純な図形や絵なら同じようにできるでしょう。打ち合わせ前のウォーミングアップなどに取り入れてみてはどうでしょうか。

テーマを枝分かれさせる

頭の中に浮かんできているのに、それが形にならずにアウトプットできない…。

そんなときは、イギリスのトニー・ブザン氏が提唱した発想法である「マインドマップ」を作成してみてください。

まず、紙の真ん中にテーマとなるキーワードを大きく書きます。そこから連想されるキーワードをどんどん枝分かれさせて書き連ねていき、マップをつくるのです。

こうすることで自分の脳内にあるものがすべて網羅され、それまでカケラでしかなかったものがひとつの言葉となり、形となって表れてきます。

ぽろっと出た言葉で連想する

たとえば、話している最中に目の前の相手が何かひと言、アイデアやキーワードを口にしたとします。そうしたら、それを否定せずに瞬間的に肯定してみてください。

次に、そのワードに関連したことを自分の頭の中であれこれ考えをめぐらせてみます。これを繰り返していくと、いつの間にか生産的で自由な発想力が身につきます。

これは、マイクロソフトやスターバックスなど多くのアメリカ企業が研修に取り入れている「インプロ・シンキング」という思考法で、「即興で物事を考えて演じる」という方法です。

ポイントは、どんなことでも端から否定しないこと。あらゆる可能性を探ることで頭に柔軟性のある思考を持つことができるのです。

ズームアウトで糸口をつかむ

思考がすっかり煮詰まってしまい、新鮮な考えがまったく浮かんでこない。そんなときには、視点を変えるといいなどといいますが、ではどんなふうに変えてみるといいのでしょうか。

まずは上から。つまり、鳥になったつもりで見てみることです。

煮詰まると細かい部分ばかりに意識が集中してしまいがちになります。迷路と一緒で、全体像が見えていないと袋小路に入りこんでしまうのです。

鳥の目で俯瞰するのは、たとえばグーグルマップで自分の住んでいる街をズームアウトしながら真上から見てみる感覚です。

この「俯瞰的思考」が、ひらめきの糸口になるのです。

金持ちと一緒に歩いてみる

アメリカの大富豪のジョン・P・モルガンは、金を借りに来た友達にこう言って断ったそうです。「かわりに、君と一緒に道を渡ってやろう」。

モルガンと連れだってウォール街を歩いているだけで、金を貸そうという人が集まってきたというのです。

ここまでくるともうおわかりだと思います。その道のプロと一緒にいるだけで、その周囲には自然と同じレベルの人たちが集まってきます。類は友を呼ぶ、ということです。

労せずして、効率のいい考え方や凡人には及びもつかない戦略や戦術のヒントを頂戴できるということです。

「偶然」をヒントにする

江戸時代、茨城県にある牛久沼の茶屋で、かば焼きを注文した今助は渡し船の来るのを待っていました。ところが、かば焼きと御飯がちょうど出来上がったときに渡し船が出ようとしているではありませんか。

そこで、今助はご飯の上にかば焼を乗せて皿で上から蓋をしてしまいました。向こう岸につく頃にはかば焼がほどよく蒸しあがって絶品だったそうです。

その後、商売上手の今助は芝居小屋でうな丼を売り始めて大当たり。これがうな丼の発祥です。

これは、偶然から大発明を生む「セレンディピティ」（偶察力）の典型的な例です。偶然をヒントとして見るか、それはあなたしだいです。

「切り札」を隠し持つ

アメリカの次期大統領になったドナルド・トランプ氏ですが、日本でtrumpといえばカードゲームのこと。本来はゲームのルールにある「切り札」という意味です。現状に不満を持つ米国民が選んだ切り札こそ、トランプ氏だったということでしょうか。

好き嫌いは別にして、今抱えている問題を劇的に、しかも一瞬でガラリと変えるには目先の利益にとらわれたり、小手先のマイナーチェンジに走っていては効果がありません。

そんな「もう何も出ない」崖っぷちの状況に陥ったときは、世紀の番狂わせが起きるくらいの〝劇薬〟が必要です。

最後の切り札を隠し持っておくのはいいかもしれません。

ツキに頼るより、流れを待つ

麻雀では1回チョンボをしたり、振り込んだりすると〝流れ〟をつかみにくくなってしまいます。いったんこの悪い流れに乗ると、打つ手打つ手が裏目に出てしまい大負け必至です。

しかし、流れと運（ツキ）は違います。ギャンブラーにいわせると、場の流れが勝負を支配するのであって、運は持って生まれたもの。そもそも性質が異なるのです。

「今日はついてない」からといって悲観することはありません。大切なのは、この流れが自分にきているのを見極めることです。

反対に、風向きが悪い、潮目が読めないなと感じたらそれ以上手を出さずに次の流れを待ちましょう。

甘い砂糖に群がるアリを見るように

今から１５０年前のアメリカ・カリフォルニアは砂金探しで沸いていました。世界中から一攫千金を求めて山っ気のある男たちが集まってきたなか、リーバイ・ストラウスが目をつけたのが、ホロやカンバス用のテント地でした。

彼はその生地を使って丈夫なズボンをつくりました。汚れも目立たず、虫も寄ってこないようにと藍（インディゴ）色に染めたのです。これが労働者たちに「丈夫で長持ちする」と大ウケして大ヒットしたデニムです。

たとえは悪いのですが、甘い砂糖に群がってくるアリを見るように、ビジネスのヒントが浮かんだのかもしれません。

「目先のこと」を考えてみる

10年後、20年後の未来まで考えることは、仕事をするうえでも自分の人生においても大切なことです。でも、だからといって背伸びをして無理に遠くをめざしすぎて、最初の一歩が踏み出せなければ意味がありません。

まず一歩を踏み出すためには、とりあえず未来の目標は目標として高いところに掲げておいて、「目先のこと」を優先して考えてみましょう。

1年先、半年先のこと、さらには1週間先に理想的な状態にするためには、どのようなプランが必要なのか。

こうして目先のことを続ければ、段階的に、そして着実に未来の目標に近づくことができるのです。

いいこと、悪いことを振り返る

デイル・ドーテンの『仕事は楽しいかね？』（きこ書房）という本の中に、「解決策というのは、後から振り返ってみれば、簡単に見つけられそうに思えるものだ」という一節があります。

たしかに、仕事が終わってみると、没頭しているときには見えなかったものが見つかるから不思議です。あれほど苦労したのに答えはすぐ近くにあったなんてこと、ありませんか。

だから、振り返るという行動はとても大切です。終わった時点で、「何がよかったのか」と「何が悪かったのか」を抜き出し、細分化して考えてみてください。次のアイデアにつながる点がたくさん見つかるはずです。

森を見てから木を見る

自分の考えは唯一無二だと信じるのは危険なことです。自分の考え方にとらわれ過ぎると、「木を見て森を見ず」の状態になってしまいます。

陽の当たらない森の奥深くで1本の木だけを見ていると、世の中が刻々と変化していることに気づくことができません。時局に乗り遅れてしまう原因になってしまいます。

仕事に限ったことではありませんが、まずは森を見ること、つまり大局を見ることを習慣化すると見える世界が何倍にも広がります。

“そのとき”が来るまで粘り続ける

企画を考えなければいけないことはわかっているけど、だからといってやる気にもなれず、ギリギリまで放置してしまうという人も多いはず。

こんな状況を打破するためには、「昼休みの10分前からやる」と始める時間を決めることです。そして時間がきたら、とりあえず機械的に取りかかる。

そうしてしばらくやっているうちに、漠然とでも形が見えてきたらそのまま続けてください。でも、何も見えてこなかったらキッパリとそこでやめます。

これを続けていると、そのうちに何となくまとまりのある考えが浮かんでくるものです。そうなったら畳み込むように一気に片づけてしまいましょう。

「自分」というフィルターを信じる

これだけ世の中に情報が氾濫してくると、何が本当に必要で何が不要なのかわからなくなってしまいます。

しかも、感じ方は人それぞれ。自分は価値があると思っていることを、隣の席の同僚は価値がないと言って相手にさえしてくれないかもしれません。

では、何を基準にすればいいのでしょうか。

やはり、それは「自分」です。自分というフィルターを通して何が必要なのかを取捨選択していくほかないのです。

そうすることで本当に価値あるものを見抜く力が磨かれていき、ひいてはそれがあなたの個性になるのです。

ときには「理論＜カン」でいこう！

野生のカンなどといいますが、これをビジネスに持ち込めば先輩や上司から叱責されるのがふつうです。

とはいえ、型通りの理論よりピンとくるひらめきのほうが、物事の本質をついていたりするのも確かです。

ソニーの創業者である井深大氏は「その筋が読めるか読めないか、いわゆる直観力が必要だ」と語っています。

直観とは推論にとらわれず物事の本質を直接的に見るという意味ですが、理屈抜きに「コレだ！」と思った感覚はそれに近いものがあるので大事にしたいところです。

釣り糸は魚のいるポイントに垂れる

イタリアの経済学者パレートが唱えた「パレートの法則」によれば、店の売り上げの80％は、20％の優良顧客によって生み出されているといいます。

　つまり、20％の優良顧客が何を望んでいるかを知れば商売が繁盛するというわけです。

　アイデアを練るときも同じです。ただやみくもに考えているだけでは見当違いの方向に舵を切る可能性があります。それでは時間の無駄ですね。

　それよりも、必要としているのは誰なのか、しっかりと20％の上客を見極めてから対策を考えることです。

　まずは魚のいるポイントに狙いを定めて、釣り糸を垂れることです。

ライバルは業界の外にあり

企画を考えるときは、同業他社の存在を意識することが大切です。ですが、あなたが設定しているその「同業」とか「競合」は本当に正しいものでしょうか？

たとえば、A社という出版社が新しい雑誌を出すとき、これまでのライバルはB社やC社といったライバル会社でした。

ですが、現状からいって、真の競合は同業他社ではなくスマホでありゲームです。

このあたりを見誤ると、せっかくのアイデアも見当違いなものになってしまいます。

まずは「三方よし」で考える

地元の特産品を地方や海外へと売り歩き、現在の滋賀に大きな繁栄をもたらしたのが近江商人です。

彼らのモットーが「売り手よし、買い手よし、世間よし」の「三方よし」でした。

本当にいいアイデアとはけっして自己満足ではなく、顧客にもメリットがあり、さらには世の中にも喜ばれるものです。

特に3番目の「世間よし」は、社会貢献という意味でも重要です。少なくとも自分だけが儲かればいいという考えは捨てるべきです。

「で、どうなるか？」を明確にする

どんなアイデアも、それを実行することによって変化をもたらします。お客が喜ぶ、社会が変わる、新しい価値観が加わる…。変化の性質こそ企画内容で異なりますが、基本的に実行したあとのほうが「よくなる」のは間違いないし、そうでなくては提案する意味はありません。

であれば、その企画が実現したあとに「で、どうなるか？」を明確にしましょう。

わかりやすくいうなら、自分のアイデアによって誰がどう幸せになるかをハッキリさせるのです。

これを早い段階で示しておけば、途中で企画がブレてもゴールを見失ったり見誤ることはありません。

ヒアリングすると〝何か〟にぶち当たる

自分の頭の中だけで考えるのは限界がある。ネットを検索しても似たような情報ばかり。こんなとき、やっぱり頼りになるのは人です。

何かを考えるとき、まずは周囲の人にヒアリングをしましょう。たとえばターゲットが高齢者であれば、それに近い年齢の人にはもちろん、同僚にも「今の高齢者は何に一番興味があると思う？」「君のご両親はどう？」などと聞いてみます。

コツはあくまで世間話レベルで話しかけること。こちらがかしこまると、相手もかまえて口ごもってしまいます。

また、企画の依頼主に「ちなみに、○○さんは何かアイデアのイメージお持ちですか？」と聞くこともお忘れなく。

2割のお宝を言葉にしてみる

アイデアのピースはあるけれど、「素材が足りない」「仕上がりが見えない」という人は、そのピースたちを言葉にして発してみるといいかもしれません。

ちなみに、日本には「言霊」などという神秘的な考え方もありますが、それとはちょっと違います。

たとえば、アイデアのピースを周囲に聞いてもらうことで、「それってこういうこと?」と新たな見方を提案してもらえるし、また、自分の言葉を自分の耳で聞くことで、自分自身が周囲と同じ役割を果たすこともあります。

人は「目から入る情報が8割」といわれますが、だからこそ残りの2割にお宝が眠っていることもあるのです。

井戸を掘るときは隣の井戸も掘る

ひとつのことを追求するのは大切です。「この分野ならまかせろ！」と豪語できるまで井戸を深く掘ればたいしたものです。

せっかくなので、その隣の井戸も掘ってみましょう。つまり、その分野に関連するエリアにも手を出してみるのです。

たとえば「グルメ」というジャンルが本井戸なら、サブで「お酒」。同じように「クルマ」と「バイク」、「経済」と「金融」といった具合です。

サブの井戸はそこまで深くなくてもかまいません。なぜなら隣の井戸ならそこまで深く掘らなくても、必ず途中でつながるからです。

「量より質」＜「質より量」

クオリティ重視の日本人は、とかく「量より質」を重んじる傾向にありますが、アイデアに関してはまずは絶対的に「質より量」です。

１００あるアイデアのうち使えるのは1つもないかもしれませんが、分母が5や10という小さい数字では、キラリと光る1が出る確率は奇跡に近いものです。

まずは量を出す。駄作も含めて出す。

千本ノックではありませんが、そうするうちに頭がコツをつかんできて、キラリと光る1本をキャッチできるようになるのです。

知らないことは強みになる

最近は知らないことがあっても、ネットの検索窓に打ち込めばすぐに出てきます。便利は便利ですが、浅い知識ばかりが身につく分、「知らないことの強み」が鈍っているようです。

伝説の棋士・坂田三吉は生涯字が読めませんでした。有名なミュージシャンの中には楽譜が読めない人もたくさんいます。ですが、そのことが本業のハードルにはなっていません。むしろ、既成概念や既存の価値観にとらわれない強みがあります。

無理に知ろうとしないことも、ときには必要なのかもしれません。

常に「今欲しいモノ」を考える

あなたが今欲しいモノはなんですか?

車、高級腕時計、マイホーム、それとも時間や幸せといった目に見えないモノを挙げる人もいるかもしれません。いずれにしても常に「欲しいモノ」がある人とない人とでは、思考力に微妙な差が出ます。

「欲しい」という欲望はいわば情熱です。それが手に入るまで情熱はエネルギーとして蓄積されますから、思考力にもハングリーさが出ます。

また、常に欲しいモノがあると「手に入れるためにはどうすればいいか」という思考回路が脳内に常設されて、さまざまな画策をするようになります。

このとき一緒に生まれる〝創造性〟を、ぜひ生かしてください。

「すぐやる課」のようにすぐやる

千葉県松戸市役所の「すぐやる課」は、部署にとらわれてたらい回しにされがちだった市民の要望を対処する目的で設置されました。

発案者はドラッグストア「マツモトキヨシ」の創業者で当時の市長だった松本清氏ですが、条例案可決から２日後に開設という素早さだったといいます。

名案を出してもそれを実現する行動力がなければ、自然とお蔵入りになります。

企画が固まったらその後の動きはスピーディに。とっととプロジェクトチームを立ち上げて、一気に上げ潮に乗りましょう。

「深掘力」を磨く

旅に出たら、宿泊した部屋の窓から見える風景を1枚だけ写真に撮る。外食をしたらその店の箸袋を持ち帰る。寝る前に一句詠んで日記代わりにする…。

人にはその人なりの着眼点があります。これらの習慣は、何かひとつのことに注目して「深掘りする力」を磨くことに役立ちます。

何も「日本で自分しかやっていない！」などという珍しいことでなくてもいいので、自分がおもしろいと思ったことを1つ決めて継続してみてください。

そうして集まったコレクションに何かヒントが紛れているはずです。

古きを訪ねて新しきを知る

温故知新という言葉があるように、古いものを学んだり触れたりすることで新たな発見をすることがあります。

あえてカセットテープで音楽を聴いたり、フィルムカメラで写真を撮ったり、マニュアル車を運転してみたりすると、そこには現代にはない楽しみがあるはずです。

それと同時に不便さももちろん感じるでしょう。そこから、ＣＤでもなくデジカメでもなくオートマ車でもない新しい何かは生み出せないか。もしくは、まったく別のアプローチはできないか——。

これらの可能性を探ることが、「時間」や「時代」を意識したアイデアを生む練習になります。

総合プロデューサーになる

たとえば「俺は企画マンだから」と、予算や制作現場のことは専門外と決め込むクリエイターがいたとしたら、あっという間にお払い箱になります。

おもしろそうな夢を語るだけなら小学生でもできます。それが果たして採算が取れるか、どのくらいの人員で実現できるかなど、ビジネスとして成立させるのが大人の仕事というものです。

そのためには、日ごろから営業や制作など関連部署の事情にも精通すべきです。

〝総合プロデューサー〟になることで、大きな流れを把握しましょう。

身近なところから手をつける

企画を立てるというと、ものすごく大ごとのようにとらえる人がいます。斬新で、センスがよくて、なおかつおもしろいものを考えなくてはならないと。

でも、それは単なる思い込みです。

私たちは、ふだんから何気にいろいろと考えているものです。

いかにきれいに収納できるか、どれだけ時間やお金のムダを省くことができるか、どうすればもっと楽しくなるのか…。

身近なところから手をつけてみてください。自分がいかに大げさに構えていたかがわかるはずです。

二進《にっち》も三進《さっち》も
いかなくなったら
旅人になろう

もう何も新鮮なアイデアなど浮かばない――。

　仕事に行き詰まってしまい、二進も三進もいかなくなってしまったら旅に出ましょう。

　でも、旅先では名所旧跡や観光スポットばかりを巡ってはいけません。その街の図書館や市役所、商店街、銭湯などに行ってみるのです。

　同じ日本国内でも、こんな生活スポットにはいつも自分が慣れ親しんでいる街とは異なる習慣や風景が必ずあるはずです。

　よそ者だからこそ感じる違和感を楽しんでみてください。ひらめきの虫が動き出すはずです。

朝の習慣をマイナーチェンジする

朝起きたらリビングにあるテレビをつける。パジャマを着替えて朝食を食べ終えたら、歯を磨いてから髪の毛を整える。自宅を出たらいつもの道を通って駅に着き、7時50分の快速に乗る…。

社会人になり、同じ会社で何年も働いていると、こんなふうに何も考えずとも時間どおりに体が動くようになるものです。

ところが、じつはそれが思考の停滞につながっていたりするのです。これを防ぐためには、生活習慣に少しだけ変化を組み入れてみることです。

朝食を食べ終えてからテレビをつける、髪を整えてから歯を磨く。たったこれだけでも、鈍化した思考にスイッチが入ります。

川の流れのように

これだというプランが浮かぶと、それに固執してしまう人がいます。完璧だから変える必要はない、と。

しかし、状況は刻々と変わります。そのときはいくらいいものであっても、問題の解決に有効でなかったら実行する意味はないのです。

だから、思考はいつもしなやかに保つようにしておきたいもの。

川の幅や深さによって水が流れを変えるように、状況に合わせて変える勇気、そして合わせるためのさらなるアイデアをいつでも提案できる、やわらかい頭脳を持ちたいものです。

不満はエネルギーに満ちている

好き嫌いがひらめきのきっかけになることがあります。

音楽業界や航空業界で成功をおさめ、宇宙旅行事業にも参入したヴァージン・グループの創業者リチャード・ブランソンは、会社を設立した理由をこう述べています。

「僕自身、企業と関わると最悪な思いばかりしていたので、自分や友達が楽しい思いができるような企業をつくりたかったからだ」

また、iPodを開発したアップルのフィル・シラーは、「ウォークマンにうんざりしていたので、何かをつくらずにはいられなかった」。

不満はエネルギーに満ちています。

本物の情報はどこにある？

自社製品の売れ行きがどうなっているのか、消費者から気に入ってもらえているのか。社員なら常に気になるところです。

でも、だからといって販売店に行き、担当者に「どうでしょう、うちの製品は？」などと探りを入れても本当の情報は得られません。

アウトドア用品を扱うL．L．ビーンは、社員が山へ行き、実際に自社の製品を使って山登りをしている人を観察しているといいます。

こうしてリアルな情報を得ることで、次の一手につなげているのです。

Step 3

大事なことをひらめく

発想のデータベースをつくる

火のないところに煙は立たないのと同じで、まっさらな無垢の状態からは発想は生まれません。そこで、ひらめきを助けてくれる簡単なデータベースをつくりましょう。

①新聞や雑誌、本などの気になった個所をマーキングする
②マーキングした部分をパソコンに打ち込む。これを毎日打ち込む
③プリントアウトする

一見すると単語や短文が羅列してあるだけですが、これが企画立案の際の重要なヒントになります。たとえ企画と直結するリードは見当たらなくても、イメージを膨らませるためのベースになるはずです。切り抜きやコピーよりも手間がかかりません。

特に想像力が乏しいと嘆く人にはおススメです。

チーズは小さく切り分けて

目の前に大きな問題が立ちはだかっている。あまりにも大きくて、どこから手をつければいいのかわからない――。

そんなときは、「スイス・チーズ法」で解決してしまいましょう。

大きくて重いスイス・チーズの塊をそのままかじるのは大変ですが、ナイフでカットすれば、とたんに食べやすくなります。

同じように、大きな問題も取り組みやすい大きさにカットするのです。すると数人で分担すればできることや、誰に頼めばスピーディーに解決するかなど具体的な策が見えてきます。

ときには自分を信じない

「アメリカ人は英語を話す」
「頭がいいと東大に入れる」

そんなの常識と思っている人も多いでしょう。しかも、無条件に「常識＝正解」だと思っていませんか。

しかし、なぜ自分がそれを常識だと思うようになったのかを考えたことはありますか？

もしかすると、どこかで見聞きした情報を鵜呑みにして「ステレオタイプ思考」になっている可能性があります。

当たり前だと思っていることについてじっくりと考えてみてください。新たな視点が生まれるかもしれません。

引き算で考える

「ファッションとは、上級者になるほど引き算である」と語ったのは、20世紀を代表するファッションデザイナーのココ・シャネルです。

つまり、ビギナーほどおしゃれに見せようとしてアクセサリーなどのアイテムをつけ足して着飾ろうとしますが、上級者になればなるほどムダなものをどんどんそぎ落として、シンプルでスマートになるということです。

考えてみれば、スマートに仕事をしている人も引き算が上手です。仕事の優先順位を明確にして、すぐやる必要のないものはとりあえず保留にしたり、人に任せる。

ムダなものをすっきりとそぎ落とすことができるから、その時々の最重要案件に全身全霊を注ぐことができるのです。

スキマ時間に脳をon／offにする

集中して資料を読んでいるときほど、なぜか何もひらめかないものです。これは読んだり理解するために、左脳がせっせと働いているからでしょう。

ところがいったん読むのをやめると、今度は右脳にスイッチが入る。そのせいか、仕事と無関係なことをしているときのほうが創造的なアイデアは浮かんできます。

こうした脳のオンとオフは、スキマ時間を使うと簡単に〝操作〟できるようになります。

たとえば、電車に乗っている間に資料を読み込んだりスマホで調べ物をして、駅に着いたらいったんすべてを忘れて移動することに集中する。

すると、不思議とインスピレーションが湧いてくるものです。理屈では説明のできない人間のカラダの不思議です。

喫茶店をハシゴする

ＮＨＫの大河ドラマ『真田丸』で主人公の真田幸村を演じた俳優の堺雅人さんは、台本をもっぱら喫茶店で覚えるそうです。

なかなか覚えられないときには、喫茶店を何軒もハシゴすることもあるといいます。

人目のある喫茶店でよく集中できるなと思うでしょうが、これは「見物効果」といって心理学でも立証されている集中力を高める方法です。

他人から見られることで仕事の量や質、スピードが自然と向上するのです。

一人でいるとだらけて集中できない人は、あえて人目のある場所に移動してみることが、モチベーションや発想力を高めるきっかけになるはずです。

100億円あったら何をしますか？

宝くじで3億円当たったら何を買おうか、ひそかにほくそ笑んだことはありませんか。荒唐無稽な妄想にも思えますが、これは発想力を鍛える訓練になります。

では、もう少しでっかい夢をもって100億円の資金が手元にあったらどんなビジネスができるか考えてみましょう。

ブンデスリーガのチームのオーナーになる、無人島を買って総合リゾート（IR）をつくるなど、自分がワクワクするような夢を思い浮かべ、それを現実にするにはどうするかという道筋を具体的に考えていきます。

自分が好きなことで楽しみながらビジネスモデルをつくる訓練になるので、この場合は非現実的な数字のほうが向いています。すると、発想がどんどん膨らむはずです。

同じ穴は掘り返さない

誰もが知っている商品には、ヒットする要素やノウハウが詰まっています。しかし裏を返せば、それはすでにたくさんの人たちが研究し尽くしたモノだということになります。

同じ穴を掘り返したところで、なかなか目新しい発想にはお目にかかれません。狙いはあまり人が注目しないような商品やサービスです。

たとえば、研究の途中で失敗作となっていた「簡単にはがれてしまう接着剤」。それを本のしおりに応用してみようとして生まれたのがふせん紙です。

どんなところにもヒントはあるのです。人が目を向けない部分に、積極的にアンテナを張り巡らしていきましょう。

失敗も発想のネタになる

他人と過去は変えられないが、自分と未来は変えられる

エリック・バーン（カナダの精神科医）

仕事で失敗したことがトラウマになり、新しいことにチャレンジする勇気を失ってしまうと、発想力そのものがしぼんでしまいます。

失敗するたびに落ち込んでいたり、それが度を越したりすると「ハンフリーの法則」といって、今までできていたことまでできなくなってしまう可能性もあります。

だから、失敗のあとにはしっかりと気持ちを切り替えることが大切です。切り替えることで、失敗をひとつの発想のネタに変えることができるのです。

うまくいった要因を書き連ねる

「決勝点となったゴールシーンを振り返ってください」

サッカーのヒーローインタビューでは、よく選手にこんな質問が投げかけられますが、このようにうまくいったときのことを振り返ってみるのは大切なことです。

失敗すると始末書や反省文などを書いて、その原因を振り返ることがありますが、うまくいったときにはつい喜ぶだけで終わってしまいがちです。

しかし、成功にも必ず理由があります。なぜスムーズにことが運んだのか、なぜあんなに人を動員できたのか…。

そんな成功の要因をノートに書き連ねておけば、それが次の仕事のベースとなって、さらなる成功体験を積み重ねられるようになるのです。

1アイデア、1カード

映画監督のウッディ・アレンは、思いついたことをメモ用紙に書いたらページをちぎって保管しているそうです。

そして、書き溜めたそれらをベッドの上に並べては眺め、並べ替えてはまた眺め…。そんなことをしているときがじつに楽しいのだといいます。

たしかに1枚の紙に1つのアイデアを書き溜めておくと、パズルのように組み合わせながら、さらに発想を膨らませることができます。

ぜひ、まねをしたいものです。

ゼロベースで考え直す

月日は流れ、流行もどんどん変わっているのに、若い頃に好きだったファッションやメイクから抜け出せない人がいます。

なぜ自分の年齢に合わせて変えられないのか。それは、「自分にはこれが一番」という思い込みがあるからです。

同じようなことは、何年も同じ仕事に携わっている人にも起こります。ずっとこれでやってきたのだから、これが一番と勝手に思い込んでしまい、いつしか世の中の変化に対応できなくなってしまうのです。

そんな思い込みを打破するためには、「ゼロベース思考」です。いったん白紙の状態に戻して、過去にとらわれずに考え直すのです。

きっと、今まで考えもつかなかった答えにたどり着くことができるはずです。

不思議なものを見つけたら妄想する

一軒の戸建ての庭に、建坪が2坪ほどの建物があります。倉庫と呼ぶには外装がきちんと整えられているし、かといって人が住むには狭すぎるようです。

さあ、そこで妄想です。

もしかすると茶室になっているのかもしれないし、防音装置が施されていてグランドピアノが1台、部屋の真ん中にどんと置いてあるのかもしれない。いやいや、それとも瞑想のための部屋だったりして…。

不思議なものを見つけたら、その用途についてあれこれ考えてみるとそれだけでワクワクしてきませんか。妄想はなによりも発想力のトレーニングになります。

反対の立場に立つ練習をする

もう30年くらい、小学生の間で楽しまれているゲームがあります。

そのルールは、「リンゴといったら赤い」↓「赤いといったら夕日」↓「夕日といったら太陽」などように、４拍子のリズムに合わせて連想する言葉をつなげていくものです。

そこで、これを応用して〝大人の反対語ゲーム〟をしてみましょう。「○○といったら」の○○の対義語を出し合っていくのです。

たとえば、「男といったら女」、「大きいといったら小さい」といった具合です。

つまり、ひとつの事柄や事実に対して、見方や立場を１８０度変えて考える練習です。

「図版データベース」をつくる

発想には情報収集が欠かせませんが、インターネットや新聞、書籍などの膨大な情報を一からあたっていたのでは効率がよくありません。

そこでふだんからつくっておきたいのが「図版データベース」です。関連する分野の記事から、主に図解やフローチャート、グラフといった図表を切り取って集めて時系列でファイルにまとめておくのです。

こうした図版は、一読しただけでは理解できない内容を読者に分かりやすくまとめてくれているので、手がかりを探したいときにはもってこいのシロモノです。

ピンポイントで情報がつかめる、自分だけのオリジナルデータベースになります。

「朝イチ会議」は朝イチに

どんなに仕事ができる人も1日24時間、ずっと集中力をキープすることはできません。アメリカのある科学者の研究によると、1日のうちで人間がもっとも集中できる時間帯は午前中で、さらに朝の10時にピークを迎えるのだといいます。

なぜなら、夜眠っている間に脳内が整理されるために朝は頭の中がフレッシュな状態になっているから。そのため、新しい情報を効率よく吸収することができるわけです。

そこで、一流企業の多くが実践しているのが〝朝ミーティング〟です。

トヨタ自動車の本社では、毎週火曜日に資料を持たずに集まる「朝イチ会議」が開かれていて、ざっくばらんにいろいろな意見が交わされるとか。

集中力のない時間に緊張感のある会議を開くのは、もっとも効率が悪そうです。

〝ひと言〟で「考える力」をつける

おもしろいアイデアは浮かんでくるのに、それをいざ言葉にしようとするとうまくいかないと嘆く人は、まずコメントを書く練習をしましょう。

新聞やネットの記事を読んだ感想や、今日あった出来事について感じたことを思いつくままに書くのです。

注釈程度の短い文章でいいので、とにかくさまざまなことについて〝ひと言〟書くことを日課にします。ツイッターに非公開アカウントをつくって、コメント専用に使うという手もあります。

こうすれば書き慣れると同時に、「考える力」を身につける訓練にもなるのです。

子供の素朴な疑問をマネてみる

「なんで、この葉っぱは寒くなったら赤くなるの？」

「紅葉っていって、冬の準備をしているのよ」

「へぇ～、じゃあ春まで眠るのかな。カエルみたいだね」

と、子供の素朴な疑問に答えているうちに、話題が思わぬ方向に進んでいくことがあります。


これは、まさにブレストの基本中の基本。こんな自由な雰囲気が仕事場にあれば、やわらかい奔放な発想がどんどん生まれてきそうです。

「いいアイデアはない？」と聞かれたら、単なる思いつきでもいいので口にしてみましょう。その思いつきをたたき台にして、みんなで意見を出し合うことが大切なのです。

暗闇の中にこそ大発見がある

街灯がポツンと1つだけついている夜道で、大切なものを落としてしまいました。

そんなとき、ふつうの人は灯りに照らされている場所を探そうとします。真っ暗なところは、探しようがないと端から諦めてしまうからです。

しかし、科学の世界では、このような誰も探さない暗闇の中にこそ大発見があるといわれます。つまり、逆転の発想です。

今ではイルミネーションなどで誰もが使えるようになった青色LEDも、そんな逆転の発想から生まれました。

誰もが「それはムリだ」と決めてかかるものにこそ、もう一度スポットライトを当てて、粘り強く向き合ってみてください。

思いつきを書き出せば夢がかなう

年度末が近づくと書店や文具店などにたくさんの手帳が並びますが、その中に「夢をかなえる人の手帳」というヒット商品があります。

この手帳のコンセプトは夢を具体的に記述していくことで、自分の行動や考えていることを夢の実現に向けてコントロールするというものです。

何か思いついたことがあれば、それを目につくところに書き出しておきましょう。パソコンの画面の下にふせん紙に書いて貼ったり、手帳のスケジュール欄に書いておいたり、自宅のトイレの壁などに貼っていてもいいかもしれません。

目標を常に見て意識することで、実現に近づくことができるのです。

25分の集中と5分の休みを繰り返す

目の前の仕事に没頭していると、あっという間に時間が過ぎてしまうなんていうことはないでしょうか。集中力のある人ほどそうなりがちですが、じつは人間の集中力は短時間しか続かないので、適度な休憩を挟んだほうが能率はよくなります。

そこでぜひ取り入れたいのが、25分間の集中タイムと5分間の休憩タイムを3〜4サイクル繰り返したら、そこで1回30分の休憩を入れるという「ポモドーロ・テクニック」です。

5分の休憩では雑誌を読んだり、メールをチェックしたりします。また、30分の休憩ではブラブラと散歩に出てもいいでしょう。

頭をクールダウンすると、それまで気づかなかった問題点が見えたり、解決策が浮かんでくるはずです。

4コマ方式で思考を広げる

せっかく浮かんだアイデアも、それを表現する力がなければ宝の持ち腐れになります。そこで脳内整理も兼ねて、４コマ方式でまとめることをおススメします。

やり方は簡単で、紙に十字の線を引いて4分割するだけ。あとは、それぞれのマスの中に「起」「承」「転」「結」と書いて、頭の中にある考えを書き出していきましょう。

起承転結がはっきりした物語や映画は誰にでもわかりやすいもの。そこで、それを意識しながらまとめていけば、第三者にも理路整然と伝えられるようになります。

このやり方は、まだ曖昧のままの考えを形にするのにも有効です。書き出していくうちに波紋のように思考が広がっていくのが実感できるはずです。思いもよらない着地点に到達するかもしれませんよ。

基本の「３Ｔ」を押さえる

思いついたときは「イケる！」と確信したのに、いざ形にしたら不発に終わった。こんなときの敗因はアイデアそのものではなく、その過程にあったりします。

ヒットする企画の基本は「タイトル」「ターゲット」「タイミング」という3つのTのうち、どれか一つが欠けても成立しません。つまり「人が食いつくタイトル」で、「明確なターゲット」が設定されているものを、「適切なタイミング」で世に出すことが大事なのです。

空前のブームとなったゲームアプリ「ポケモンＧＯ」も、キラータイトル、大人になったポケモン世代、海外先行配信による渇望感と、基本の３Ｔがしっかりと押さえられています。

ダジャレを言ったのは誰じゃ？

宅配ピザで知られるドミノ・ピザのスコット・オルカー社長は、日本語を勉強しているうちにダジャレの魅力にとりつかれ、「1会議1ダジャレ」を社内で提案したことがあるといいます。

ただ、当の社員がダジャレのプレッシャーに押しつぶされて会議が滞るという本末転倒な状況に陥ったため、すぐにボツになったようですが、この取り組みは意外と評価されてしかるべきものかもしれません。

というのも、ダジャレは既存のものを組み合わせる「アナロジー（類推）思考」を磨くのにぴったりのトレーニングだからです。

アイデアはこの思考から生まれることがほとんどなので、〝ダジャレ脳〟を鍛えることは理にかなっているというわけです。

ＮＧワードを設定する

　企画を立てても、いつも似たり寄ったり。これではプレゼンされた側も「また、このパターンか」とテンションが下がります。

　これまでとは違うものを生み出したいときは、自分の中でＮＧワードを設定してみるとうまくいくことがあります。

　たとえば、人を楽しませる商品を考えているときなら「楽しい」という言葉そのものを封印するのです。

　メモや企画書も、その言葉を使うことをＮＧにすれば、どうにかほかの言葉で表現しようとして脳がアイデアの引き出しを開けまくります。そうすると、発想もおのずと広がっていくというものです。

上位50件を検索する

企画書をまとめようとしているときに、どうも説得力に欠けるなと思ったらインターネットの検索サイトを活用します。

もし、企画内容が「新しいエコ燃料」の提案だとしたら、「エコ　燃料　ほしい」のように関連ワードを打ち込んで検索してみます。

さて、ここからが裏ワザです。ヒットした件数の上位50件をチェックして、あなたの新商品に似たものを欲しがっている人がいればその数をカウントしましょう。

そうすれば企画書に「検索結果上位50件のうち、○○名もこの商品を欲しがっています」と書けます。

さらに、「こんな○○があったら、いくら出しても買うのになあ」など、口コミの一部を抜粋して併記するのもアリです。

面白い本を常備せよ

読書好きの中には、並行して複数の本を読むという人も多いようですが、これは思考力を高めるのにじつに効果的な方法です。

ミステリーや恋愛小説、ビジネス書、英会話の本など、ジャンルが分かれていればなおよし。飽きずに読み進めることができるために効率も上がるし、同時に読むことでより深く理解するのに役立つこともあるからです。

逆に、どうも乗らないと思ったら、無理に読み続けることはありません。次に手にとりたいと思うときまで、いったん寝かせておけばいいし、そのまま読まなくてもかまいません。

本当に面白いと思える本が、常時手元に4～5冊あるのが理想です。

〝秀吉流〟を加えてみる

天下統一を成し遂げた豊臣秀吉が、織田信長の小者として使い走りをしていた話は有名です。

小者時代の秀吉は、その献身性もさることながら創意工夫という点でも他の家臣よりも抜きん出ていました。

寒い日には草履を懐で温めておく、現場にボーナスを与えることで1ヵ月かかる石垣の修理を3日で終わらせるなど、他の人がやったら「そうはできない」という彼一流のノウハウをたくさん持っていたのです。

たとえ、そのときに与えられた役割が平凡なものでも、そこに〝小さなアイデア〟を加えればクリエイティブな仕事になります。

そして、それはそのまま「自分流」として確立された、何人もマネできないスタイルになっていくのです。

想像もつかない相手を指名する

ひとりで黙々と考えるのも悪くありませんが、複数で熟考を重ねればさらに広がるのがアイデアです。「三人集まれば文殊の知恵」という言葉もありますよね。

ところで、コンビニチェーン「スリーエフ」は、「放課後おにぎり」という商品を期間限定で販売したことがあります。

考案者は神奈川県内の高校生で、彼らは授業の一環で放課後に食べたいと思ったモノをテーマにいろいろなアイデアを出し、スリーエフと共同開発という形で商品化が実現したのです。

どうせタッグを組むなら、ふだんなら組まないような意外な相手をパートナーに指名してみましょう。今までにない化学反応が起きて、目からウロコの発想が飛び出すかもしれません。

迷わず現場に足をはこぶ

「事件は会議室で起きているんじゃない。現場で起きているんだ」

これは、大ヒットした刑事ドラマの名台詞ですが、何も警察ではなくても仕事は基本、現場が大事です。

企画を立てていて「あれ？」と思ったら迷わず現場に足を運びましょう。デスクであれこれ考えていてもらちがあきません。

クライアントの会社、イベント会場、商品の売り場など、企画内容によって行き先は違うでしょうが、たとえばオタク層がターゲットの企画なら、とりあえず秋葉原へ行ってそこの空気を吸ってみるとか。

それだけで何か発見があるはずです。

脳内イメージでタグづけする

ビジネス書や自己啓発本などを買っても、読む時間がなくて結局は積み上げた状態のままになっている人は少なくないはずです。

「読んでる時間がない」と言い訳をする人もいるかもしれませんが、できれば放置する前に目次だけは読み込むことをおすすめします。

目次にある見出しは各項目の内容が要約されています。そこで、目次を頭に入れておけば、あとになって「そういえば、あの本にあるかも」と引っ張り出すことができます。

脳内イメージでタグづけをしておくことで、未読の本を活かすことができるのです。

昔気質はほどほどに

クリエイティブな仕事にはこだわりが必要だと思い込んでいる人も多いでしょうが、ときにはそれが足かせになることがあります。こだわりとは「○○でなくてはならない」という執着でもあるからです。この思い込みによって見過ごすことのほうが、じつはもったいない。「泊まるなら旅館じゃなきゃイヤだ」という人はホテルの機能性を知らないし、「家事は女性がやるものだ」という昔気質が抜けきらないおじさんは、料理の楽しさを一生知ることもないのです。

もちろん、何かを仕上げるのに自分なりの信念は必要です。でも、その部分はできるだけ最小限に絞り込んだほうが、柔軟な発想は手に入りやすくなるのです。

紙に出して自分で赤入れする

今や世の中はどんどんペーパーレスになってきていますが、企画書は完成したらいったん紙に出力してチェックするのがおススメです。

メリットは誤字脱字をチェックしやすいことと、持ち運びできるので場所を選ばずに修正ができるからです。

パソコンの画面では表示範囲が限られ、改ページの実感も薄く、どうしてもスイスイと読み流してしまいます。そのため、誤字脱字はもちろん、少々詰めが甘い部分も見落としてしまうのです。

企画書はちゃんと紙に出力し、自分でアカを入れる。原始的ですが、効果は絶大です。

リスケを怖れてはいけない

いつも企画倒れに終わってしまうという人は、「計画通りにしなくてはならない」という強い思い込みに縛られる傾向にあります。

そのため、どこかの工程でつまずいたとたんに調整がうまくいかなくなってあえなく頓挫してしまいます。

ついでに気持ちが萎えてテンションが下がってと、いつものパターンの繰り返しではないでしょうか。

今やどんな現場でもリスケ（リスケジュール）は当たり前ですが、気にかけることはありません。事情があればバンバン予定を変更していきましょう。

ただし、理由のないリスケは現場に不信感を生むだけです。避けるのが鉄則です。

盗み聞きしてひざを打つ

いろいろな人と接することで、自分の生活の中では知り得ない情報や知識を得ることができます。

とはいえ、家族や友人だと多少なりとも自分の世界とかぶっている部分があるもの。どうしても、目からウロコが落ちるような新鮮さには欠けてしまいます。

もっとハッとさせられるような新鮮さがほしかったら、見ず知らずの人の話を聞いてみることです。

盗み聞きというと語弊がありますが、カフェや居酒屋、病院の待合室などでも、聞くともなしに隣人のリアルな日常生活が耳に入るものです。

「そんな考え方があったのか！」と思わずひざを打つ発見があるかもしれません。

みんなで批判し合えばこわくない

あの企画はどう考えてもイマイチなんだけど、○○部長の案だからな…。そんな遠慮があると、いい仕事にはなりません。

某広告代理店では、同僚のアイデアを積極的に批判するといいます。「ここはもっとおもしろくなるんじゃないか」とか「この表現では伝わりにくいのでは？」などということを安心して言い合える環境だからこそ、ブラッシュアップされてますますよくなるのでしょう。

上司や部下といった立場を超えて、みんなで批判し合ってＯＫという雰囲気があればこそ仕事のクオリティは高まるのです。

チラシは読んでから捨てる

いつの間にかポストの中に入っているダイレクトメールやチラシは、興味がなければただのゴミ。目も通さずにさっさと捨ててしまうという人も多いでしょう。

しかし、自分に興味のないものに目を向けるのは、見方を変えればひとつの「きっかけ」になります。

へえ、世の中にはこんなサービスがあるのかと認識しておくだけでもいいのです。巡り巡って発想を膨らますきっかけになる可能性は十分にあるのですから。

どんな小さな情報だって、あなどれません。

小箱に「きっかけ」を入れておく

気になるものをひとまとめにして保管する箱をつくりましょう。〝マイ・フェイヴァリット・ボックス〟という感じでしょうか。

入れ物になるのであれば、せんべいの空き缶や靴の空箱など何でもかまいません。

そこに、センスのいいチラシやきれいな色使いのポスター、おもしろい記事が載っている雑誌や新聞の切り抜きなど、自分が気に入ったものを何でも入れておくのです。

そうして、仕事に迷ったときなどに中身を取り出して眺めてみてください。ヒントになるものが見えてくるはずです。

ショップの売れ筋は参考にしない

あなたが自転車の開発者だったとしましょう。

誰もが楽しく乗れて、扱いが簡単で、おしゃれな自転車をつくるために何を参考にするでしょうか。

もしも、サイクルショップに行って売れ筋の自転車を見に行くというのなら、それは間違いです。なぜならどこのサイクルショップに行っても、そこにはすでに使い古されたアイデアしかないからです。

ウォルト・ディズニーはディズニーランドを構想しているときに、アメリカの遊園地を参考にはしませんでした。

それよりも、デンマークのコペンハーゲンにあるチボリ公園に足を運び、シニアから子供まで楽しめる空間について思いを巡らせたのです。

アイデアを持つ人の輪に加わる

もし君と僕がリンゴを交換したら、持っているリンゴはやはりひとつずつだ。
でも、もし君と僕がアイデアを交換したら、持っているアイデアは2つずつになる。

バーナード・ショー（アイルランド出身の劇作家）

たしかに、モノではないものは人と交換すればするほど増えていき、さらにわらしべ長者のように質も高まります。

いつもおもしろいことを考えている人たちの輪に加わりましょう。

フタをイノベーションしてみる

カフェで注文するときに聞かれるのが飲み物のサイズです。サイズの呼び方は、「ショート、トール、グランデ」の店もあれば、「S、M、L」の店もあります。いずれにしてもテイクアウトの際には、このカップのサイズに合わせたフタが必要になります。

でも、それぞれのサイズのフタを用意するのはコストがかかるし、忙しい店員はいちいちフタを選ぶのは面倒だから、フタを1種類にしてほしいといいます。

この小さな問題を解決するにはどうすればいいでしょう。——そう、カップの直径を統一すればいいのです。

たしかにスタバのホットドリンクのフタは全部同じサイズですね。

一定の休み時間は効果あり

アメリカの子供と比べて、日本の子供のほうが学力が高いという調査結果があります。では、この差はどこから生まれるのか。

その疑問に対する専門家の答えが「休み時間」でした。

たしかに日本の学校には、授業と授業の間に必ず5分間や10分間といった一定の休み時間があります。

キンコンカーン♪とチャイムが鳴れば、授業は終了。休み時間は、校庭を走りまわったり、友達と話をしたりして、勉強のことなどいっさい忘れて過ごします。

この、まったく勉強のことを考えない時間が、子供の学力にいい影響を与えているというのです。

実際、子供は休み時間のあとのほうが集中して授業に取り組むそうです。

街行く人をナナメから見る

待ち合わせをしている相手が遅れていて、待ちぼうけを食らっているとき、暇つぶしに人間ウォッチングをするという人は多いものです。

ただ、「あの人、服のセンスがいい」とか「新作のバッグを持っている人がいる」など、見えることだけに視線を向けていてはおもしろさは半減します。

ウォッチングのおもしろさは、見えないものを想像することにあります。

たとえば、ピンクの服が似合っているかわいらしい女性の職業が、じつは自衛隊員だったりとか、カフェで背中合わせで座っている男性２人が、じつは同じ女性を待っているとか。

街で目にするものすべてをそんなふうにうがった見方をしてみると、頭の中がやわらかくなります。

複数の目でデータを見る

たとえば、ここに「訪日外国人数の推移」というデータがあるとしましょう。

それを見て、中国人の爆買いを連想する人もいれば、日本中を旅するバックパッカーを思い浮かべる人もいるでしょう。

また自分の働いている業界によって、家電量販店やドラッグストアの売上高に興味を持つ人もいれば、航空会社や鉄道、ホテルの稼働率、はたまた大手企業の社員の外国人比率が気になったりするかもしれません。

このように、同じデータを見ても人によって着眼点やそこから受けるイメージはバラバラです。トンボではありませんが、複眼で見てみるとおもしろい意見が出てくるかもしれません。

「いい質問」で「いい話」を聞く

同僚や上司との打ち合わせ、会議中の発言、ランチタイムに交わされる雑談。毎日、オフィスで何気なくしている会話の中から、アイデアのネタを拾う方法があります。

それは「いい質問」を投げかけることです。

天気の話をすれば、相手も天気の話で返してくるように、いい質問をすればいい話が聞けます。いわば〝波長合わせ〟みたいなものです。

そのためには、学習して知識を得ることです。そうすれば、そのレベルに応じたいいネタが提供されます。

求めている人のもとにチャンスは訪れるのです。

ストーリー仕立てでブレない

商品を開発する際には、ストーリー仕立てにして考えるとコンセプトからブレないといいます。

たとえばカルビーの人気商品『じゃがりこ』は、高校生をターゲットに「いつでもどこでも、手を汚すことなく手軽に食べられる」スナックがコンセプトになっており、さらにそれを食べているのは女子高生の「りかこ」なのだとか。

だから、ネーミングも「じゃがいも」＋「りかこ」＝「じゃがりかこ」から「じゃがりこ」になっていて、パッケージもカバンに収まりやすい形にしたそうです。

ここまで徹底して考えると楽しくなりますね。

コンビニの棚を定点観測する

コンビニの棚は、まさに弱肉強食の世界です。

商品がずらりと並んでいる棚を定点観察してみると、新商品が並んでは消えていくのがわかります。

何十回もの企画会議やサンプル開発などを経てようやく棚に（世に）出たものの、あまり人気が出ずにいつの間にか棚から追いやられてしまう。そんなキビシイ現実が繰り広げられているのです。

人気が出た新商品はもちろん、売れなかったものにも原因があります。

そこで、なぜ売れなかったのか、なぜ人気が出なかったのか、担当者の思惑はなぜ外れてしまったのか、その原因を想像してみましょう。

すると、逆に売れる商品のヒントが浮かび上がってくるはずです。

アナログカードだからこそ効率がいい

最初にことわっておきますが、これは極めてオーソドックスなやりかたです。それなら毎日やってるよという人も多いでしょうが、復習のつもりで読み進めてください。

学生時代に使った懐かしい文房具のひとつに単語カードがありますが、この単語カードがアイデア出しにうってつけの道具になります。

小さな紙に思いついたことをどんどん書いてリングに綴じておけば、合間の時間に見直すこともできますし、必要がなくなったものはリングから外して捨てればいいのです。

色つきのカードも売っているので、ジャンル別に整理することもできます。アナログ然としたやり方だからこそ、ネット全盛の時代に効くのです。

合体はヒットのセオリー

日本ではカフェというと女性客らでにぎわっているイメージがありますが、フランスのパリにはじめて誕生した17世紀頃は男性の社交場でした。貴族や芸術家が集い、コーヒーを飲みながらいろいろな談義に花を咲かせたのです。

そんなカフェに女性が訪れるようになったのは1870年頃のこと。女性向けのカフェ『ラデュレ』がオープンしたのです。

で、どこが女性向けだったのかというと、カフェで甘いお菓子を出すようになったこと。ラデュレは、パティスリー（洋菓子店）とカフェを合体した店だったのです。

そういえば、日本でおなじみのインターネットカフェや猫カフェも「インターネット」＋「カフェ」、「猫」＋「カフェ」の合体版ですね。

思いつきノートで自分自身と対話できる

仕事をしていて行き詰まりを感じたとき、ネット検索を利用する人も多いでしょう。一見便利な方法ですが、これに頼りきりではそれほど目新しいものを生み出すことはできません。インターネット上に流れている情報はあっという間に世間に行きわたってしまうからです。

それよりも自分の中から価値ある情報を生み出して発信できるほうがずっと評価されるはずです。

そのためには、自分の思いつきや考えたことを手帳やノートにこまめに記録しておきましょう。

時折メモを読み返すことで、過去の自分と対話をすることができます。ほかでもない自分自身と語り合うことでオリジナリティをより高めることができるのです。

切り抜きながら発想がみるみる溜まる

比較的時間があるときにおすすめのやり方が、「切り抜き発想術」です。

定期的に購読している雑誌や新聞など、ある程度のバックナンバーが溜まったら、処分する前にもう一度すべてのページにざっと目を通しながら切り抜いていくのです。

用意するものは大学ノートとハサミ、糊だけ。

気になる記事を見返しながら切り抜いていくのがポイントで、すると思いがけないような記事が目に留まることがあります。そうして出来上がったノートは情報の宝庫になります。

これは、パソコンのモニターを見ながらではできない芸当です。

Step 4

突破口をひらめく

〝思考の迷子〟にならないために

方向性が定まらないままスタートすると、そのうちに何をしようとしているのかわからなくなることがあります。

このような〝思考の迷子〟を防ぐためには、先に結末を想定しておくことです。どうフィニッシュするかを決めてからかかれば、迷いそうになっても軌道修正できるからです。

完結するまでに10年間を費やした『ハリーポッター』シリーズの作者J・K・ローリングは、かなり早い段階で第7巻の最終章を書き上げて金庫にしまっていたそうです。

先に最後のしめくくりがついているからこそ、ブレることなくやり遂げることができるのですね。

左手を使ってみる

「左利きは天才肌」などというのはただの都市伝説だという人もいますが、そうともいい切れないものがあります。

人間の脳は右脳と左脳に分かれていて、発想力や想像力は右脳がつかさどっているといわれます。そして右脳は左手を使うことで刺激されるのは、もはや周知のとおり。

それが、何をするにも左手を使う左利きの人はクリエイティブな能力に長けているといわれるゆえんです。

ちなみに、左利きの有名人といえばナポレオンやレオナルド・ダ・ヴィンチです。

やはり、左手を使うことは右脳を目覚めさせるのに効果がありそうです。

二度、ダメだしする

「何か新しいアイデアを…」と、どんなに頭をひねっても、なぜかいつも似たような発想になってしまう。そう悩んでいる人は、自分の出したアイデアをまず否定することから始めてみましょう。

たとえば、「これじゃあ、ただの去年の企画の焼き直しじゃないか。ダメだ、つまらない」と否定してみるのです。

次にもう一度、さっき自分がダメ出ししたことをまた否定してみるのです。「でも、焼き直しとはいってもテーマは同じなのだから基本はＯＫ。必要なのは今年はどうかということだ」と。

こうして「ダブル否定」をすることで、白でも黒でもない新たな視点にたどり着くことができるのです。

無の境地になれることをする

アイデアの種を見つけるのは、なかなか見つからない探し物をしているのに似ています。しかも、探し物と同じように、必死で探している時には見つからないのに、やめた途端に見つかったりするのです。

必死でとことん探しまくってヘトヘトになって考えるのをやめたときに、ふと神さまからのご褒美のように舞い降りてくるものです。

もうこれ以上何も思いつかない、という境地に陥ったら心静かにコーヒーをドリップすることに集中してみるなど、無の境地になれることに没頭してみると何かが舞い降りてくるかもしれません。

遠回りしてみる

遠回りするのは、ムダなことだと思っていませんか？

たしかに、遠回りをすると最短距離で行くより確実に時間はかかるし、体力も使います。あてもなく探しまわるより、スマホで検索しながら探したほうが、少ない労力でお目当てのものを手に入れることができるでしょう。

しかし、効率的に動くことだけを考えていると、決定的にあるものを得るチャンスを失ってしまいます。

それは、「経験」です。

経験は、どんな小さなことでもひらめきを得る〝スイッチ〟に早変わりします。発想法のひとつとして遠回りは必要なのです。

"同じ"を変えてみる

「アイデアとは既存の要素の新しい組み合わせ以外の何ものでもない」と言ったのは、伝説的広告クリエーターのジェームス・ウェブ・ヤングです。

この言葉を信じるならば、アイデアづくりの才能は誰にでもあるということになります。

では、新しい組み合わせを見つけるためには、何をすればいいのでしょうか。そのひとつに、毎日のルーティンに変化をつけるという方法があります。

何も思い浮かばないときほど、無意識に毎日同じ行動をとっていることが多いものです。同じ通勤ルート、同じ店、同じ仲間、同じ時間…。

マンネリズムを打破してみると、ひらめきの瞬間がよみがえります。

冷静な自分を3割残しておく

「このアイデアは最高だ！」

まるでカミナリに打たれたようにひらめき、夢中になって企画書を作成したのに、まったく評価されなかったというような経験はないでしょうか。

我を忘れてのめり込んでしまうと、まったく周りが見えなくなってしまい、独りよがりになってしまいがちです。

そんな失敗をしないためには、どんなに夢中になっていたとしても冷静な自分を3割残しておくことです。

これを意識するだけで、客観的な視点を失わずにすむのです。

ボードの上で考えをスパークさせる

楽しいグッズがあると、仕事をする気分が盛り上がります。そこで、こんなオリジナルボードはどうでしょう。

まず、ホワイトボードと同じ素材のシートを１００円ショップなどで調達し、これを使い終わったスケッチブックの表紙と裏表紙の裏に貼ります。

つくり方はこれだけ。

そして打ち合わせの際に持ち歩き、さっと広げてアイデアをガンガン書き込んで、お互いの考えをボードの上でスパークさせるのです。

終わったら、スポンジで消すとまた使えます。どこにも売ってないオリジナルボードが媒介になって、クリエイティブな会話が盛り上がること請け合いです。

「3つのクオリティ」を生活に取り込む

いろいろある企画案の中から1つだけを選ばなければならないとき、迷いに迷った挙句に決められない人と、しばし考えたあとに「よし、これで行こう！」と即決できる人がいます。

この両者の違いは性格的なものだと思われがちですが、それは違います。

じつは「3つのクオリティ」の差なのです。3つのクオリティとは「合理性」「倫理性」「感情」のことで、これらのクオリティが高い人ほど即断即決できるのです。

たくさんの優れたビジネス書を読み、何が人の道として正しいのかを常に意識し、本物に触れる機会を持つ。この3つの行動を毎日の生活に取り込めば、あなたもいつしか即断即決の人になることができます。

千里の道も一歩からです。

迷いは宣言して吹っ切る

いろいろなプランを目の前にして、どれがベストなのか、どれがより効果があるのか、と迷ってしまうことがあります。

ようやくひとつに絞り込んでも、「いや、ちょっとまてよ」と目移りしてしまい、また振り出しに戻ってしまう。

このような迷いやためらいを即刻断ち切るためには、同僚や家族など人前で「よし、これに決めた。絶対決めた！」と口に出して言ってみることです。

人に聞こえるように宣言することで、もう後戻りができないという心理に陥るので、迷いを吹っ切ることができるのです。これを心理学では「アナウンス効果」と呼びます。

これを実践することで、その後の集中力にも違いが出てきます。

西からも東からもゴールはめざせる

完璧なロジックを組み立ててきたつもりだったのに、途中でほころびが見え始めてきた。思い描いていたゴールにたどり着けなくなるかもしれない。

こんなふうに立ち往生してしまったら、〝経営の神様〟と呼ばれる松下幸之助氏のこの言葉を思い出してみてください。

「山は西からも東からでも登れる」

技量や経験にもよりますが、そこに山があればどこからでも登れてしまうわけです。

今の考え方ではうまくいかないのであれば、他の方法やルートでゴールをめざせばいいのです。

虫の知らせがあったら立ち止まる

いいアイデアが浮かんだら、次はそれがカタチになるようにある部分を膨らませたり、削ったりしながら加工しなくてはなりません。

ところが、その作業をしているうちに「何か違う」と、虫の知らせのようなものを感じることがあります。ピタリとハマると思っていたのに、どこか違和感がある。

そんなときは、そのまま進めるのではなく、いったん立ち止まってみてください。

もしかすると、加工していく過程で何か大きなズレが生じたのかもしれません。傷が大きくなってから引き返すよりも、まず早期発見をすることです。

粘り強くブレイクスルーを待つ

「アイデアの秘訣は執念である」

これは、日本初のノーベル賞受賞者となった湯川秀樹氏の言葉です。

アイデアは、粘り強さの先にあります。

他のことに心を動かさず、自らの研究について深く頑に思いつめる。その濃密な時間の中からノーベル賞につながる発見は生まれたのです。

前進しなくても諦めないこと、惑わされないこと。

そうすれば、必ずブレイクスルー（突破）の瞬間がやってきます。

ベルトコンベアを
見てひらめく

アメリカのフォードは、世界ではじめて大衆車を大量生産することに成功した自動車メーカーです。

それまで自動車は1台1台手作業で組み立てられていたため、庶民の手には届かない高価なものでした。そこで貧しい農村出身のフォードは、大量生産で誰もが容易に手に入れることができる自動車をつくろうと考えました。

そこでヒントになったのは、食肉工場のベルトコンベアーです。

流れ作業で肉が加工されていく様子を見て、「これだ!」とひらめいたのです。

こうして工場にベルトコンベアーの組み立てラインを取り入れて、分業化したことによって、フォードは年間25万台の自動車を生産することに成功しました。

プライドをいったん捨ててみる

発想力は、アイデアを出し続けることで磨かれていきます。もちろん、数が増える分くだらない内容のものが増えたり、たいしたことがないと烙印を押されることも少なくないでしょう。

しかし、それを恐れていてはいいアイデアを生み出すことはできません。

失敗を恥じたり恐れたりしなくなれば、パッとひらめいたことでもどんどんオープンにできて、それが成功につながります。

プライドが打ち砕かれたときこそ、一皮むけた「これは」と唸らせるモノが生まれるチャンスなのです。

苦手な分野こそ宝の山

人にはそれぞれ得意な分野と苦手な分野があります。苦手なジャンルはつい避けて通りがちですが、じつはそこに〝お宝〟が隠れていたりします。

なぜなら、心理学的には「嫌い」という感情は、その人にとってすでに意識している対象なのです。

意識するほど嫌で苦手な分野にあえて足を踏み入れることで、自分の世界や価値観がぐっと広がり、今までにないヒントを得られる可能性が高いわけです。

まずは、自分の苦手なもののリストをつくってみるのもいいでしょう。何が自分の未知の分野なのか、あらためて認識することから始めてみては。

凝り固まったら本屋を散歩する

考えても考えても、どうにもならないときにおすすめなのが、書店を覗いてみることです。

書店は雑誌の最新号や話題の書籍、コミックなどがところ狭しと並ぶ、最新情報の宝庫です。眺めているだけでもトレンド情報を一瞬で手に入れることができます。

コツは、ただ眺めるだけ。ふだんは興味のない分野もひと通りチェックしましょう。ぶらぶらと店内を散歩しながら背表紙や書名を眺めているだけでも、たくさんの情報が目に入ってきます。

なかには知らなかったことや、思いもよらない切り口で書かれたものもあるでしょう。凝り固まってしまった頭を解きほぐしてくれるはずです。

5つのことに共感する

相手の視点から物事を考えることは発想するうえでの大切なカギになります。そこで活用したいのが「共感図法」です。相手が何を考え、何を欲しているかをみんなで話し合ってマップ化していくのです。

基本は「見えるもの」「聞こえるもの」「言っていること」「感じていること」「していること」の5項目です。

たとえば、ターゲットとなる購買層の中から架空の顧客Aさんを設定し、マップの中心に絵とともに肩書、年齢なども一緒に書くとイメージが湧きやすいでしょう。

対象を分析して共感すると、対象物が立体化して見えてくるから不思議です。

コントロールできないものは無視する

本書でもすでに取り上げましたが、「他人と過去は変えられないが、自分と未来は変えられる」という言葉は自己啓発系の本ではおなじみです。

これは言い換えれば、自分のコントロールが及ばない部分に関しては、考えてもしかたがないということです。

仕事も同じで、クライアントの人柄や予算、納期など「変えられないもの」に心を砕いて疲弊しても意味がありません。そのかわり、自分がコントロールできるものは片っ端から手をつければいいのです。

ただし、手抜きをしないこと。そうすることで、コントロールできない部分へのこだわりを捨てられます。

急がば回れ

「12345」と数えてから「あいうえお」と言うのと、「1あ2い3う…」と言うのとでは、どっちが効率的だと思いますか。答えは明白ですね。

同時に複数の作業をこなすマルチタスクより、ひとつの作業だけをするシングルタスクのほうが効率的だといわれます。

仕事や企画にしても同じことがいえないでしょうか。時間がない、面倒くさい、さっさと片づけたいからといって全部まとめて一気に解決しようとしていないでしょうか。

これは一見すると合理的に見えますが、ひとつのことに集中して取り組んだほうがずっと効率がいいのです。

非現実的なアイデアを混ぜる

福袋といえば初売りの名物ですが、毎年必ず「1000万円の純金製七福神の置物」とか「1億円のスーパーカー」などと、どこのカネモチが買うんだ！　とツッコミを入れたくなるような福袋が話題になります。

こうした福袋をわざわざ用意するのは、マスコミ受けがいいという理由だけでなく、お客に「1億円よりは安いから」とほかの福袋を選ばせる目的もあるのです。

これと同じで、顧客に複数の企画を提案するときは、その中にひとつだけ〝非現実的〟なものを混ぜてみましょう。「それはさすがに無理だけど、こちらなら…」と、本命がすんなり通るかもしれません。

原因と結果を結びつけない

販促の企画などをつくるときに、「相関関係」と「因果関係」を安易に結びつけて考えていませんか。これをやってしまうと、ニーズを読み違えることになりかねません。

たとえば、「既婚女性の消費者は安い商品を選ぶ傾向にある」という調査結果があったとしましょう。

この「既婚女性」と「安い商品を選ぶ」という相関関係をもとに、「既婚女性向けに安い商品をつくれば売れる」と何の疑いもなく結びつけてしまうと、在庫の山を築きかねません。

これはかなり極端な例ですが、このように相関関係と因果関係をよく分析しないで混同したりすると、大きな失敗につながるのでご注意を。

アンチなアイデアを考える

仕事をしていれば、気の進まないことを担当することもあります。でも、いくら気分が乗らないからといつまでも塩漬けにしておくわけにもいきません。

そんなやる気の出ない、モヤモヤとした気持ちを払拭する方法があります。わざとコミカルなアイデアを考えて、その仕事をおもしろがってみるのです。

これは「カリカチュアライズ」といって、困った状況を新聞の風刺画のようにおもしろおかしく表現することです。

ちょっとアンチな目線でその仕事を見ているうちに、だんだんと気持ちにゆとりが出てきます。すると、ちょっと取り組んでみるかと思えるようになるから不思議です。

将来よりも生来に目を向ける

つい新しい情報や方法ばかりに目が向きがちですが、あえて原点に立ち戻ってみることが、市場のニーズに応える発想へと結びつくことがあります。

その原点回帰で成功した有名な例といえば、あの旭山動物園でしょう。廃園寸前の絶体絶命の危機を前にした園長は「動物が退屈せずにのびのび暮らせる施設をつくろう」と、あえて「動物側の原点」に立ち戻ることを決意しました。

結果として、動物たちの自然な行動が見られることが話題を呼んで来場者が殺到。ジュラシックパークではありませんが、今では日本屈指の人気の動物園となったのはご存じのとおりです。

将来ばかりを見ないで、生来に目を向けることもヒットの秘訣なのです。

あの人だったらどう考えるか

ふだん、どんな人と会話をしていますか？

忙しいビジネスパーソンなら同僚や上司が中心で、友人や趣味の仲間などとは時々という人も多いでしょう。社会人になるとどうしても生活が仕事中心になり、交流する人も似たような思考回路の人が多くなってしまうものです。

そうなると、どうしてもワンパターンな考えになってしまいがちです。そうならないために、「○○さんだったら、どう考えるだろうか」と想像するようにしましょう。

友人のAだったら、母親だったら、高校生の姪っ子だったら…。自分の中に他者のイメージを置くことで、さまざまな視点を持つことができるのです。

分母を変えればバリエーションが広がる

「最高気温15度」と聞くと、どれくらいの暖かさをイメージしますか？

もし春先だったら、「ずいぶん暖かい」と感じるでしょうし、秋口であれば「冷え込んできた」ととらえるのではないでしょうか。

この違いは、思考や感覚の「分母」の違いです。春先と秋口というように、分母が違えば気温の持つ意味合いは大きく変わります。

同じように、企画を考えるときもいろいろな分母を当てはめてみると、バリエーションがグンと広がることがわかります。

最近、ワンパターンだなと感じてきたらぜひ試してみてください。

ノルマは1日1個から

アクセルにルッツ、トゥループ…。日本で大人気のフィギュアスケートですが、いきなり難しいジャンプができる選手はいません。

まずは1回転のジャンプで多くの失敗を経験し、完璧にクリアしたら2回転にトライする。この繰り返しで、やっとアクセルジャンプや4回転などの大ワザへとたどり着くのです。

発想力を鍛えるのも同じことです。仮に「1日10個のアイデア出しをしよう！」と意気込んだところで、初日にそれがクリアできなければ一気にやる気が失せてしまいます。

まずは1日1個とノルマを低く設定し、こなせるようになったら徐々に増やすようにしましょう。

「ドラえもんだったら…」で考える

のび太がピンチに陥ると、ポケットから未来の道具を出して助けてくれるのはご存じ、『ドラえもん』です。子供の頃、勉強をしていて「暗記パンがあったらなあ」と思わなかった人はおそらくいないはずです。

ドラえもんの道具は非科学的で荒唐無稽なものばかりですが、根本にあるのは主題歌の歌い出しにあった「こんなこといいな　できたらいいな」というシンプルな願望です。

発想のとっかかりとして「ドラえもんだったら…」で考えてみましょう。ユニークでバカバカしくて、でも、みんなが喜ぶ楽しいことが浮かぶかもしれません。

〝火つけ場所〟を見極める

金ピカの衣装で怪しいダンスを踊るピコ太郎の動画「PPAP」が、世界で爆発的なヒットを遂げたのは周知の通りですが、そのきっかけのひとつになったのが、世界的アイドルのジャスティン・ビーバーが「お気に入り」と絶賛したことでした。

もっといえば、このコンテンツをテレビや舞台ではなく、世界中の目に触れる「You Tube」にアップしたことが成功の要因です。

同じアイデアでも、場所を間違えればいくら点火しても火はつきません。企画が完成したら、そこのところも慎重にみきわめたいところです。

可能な限り具体的に考える

大塚製薬のロングセラー商品「ポカリスエット」は、海外出張で水にあたって入院した社員の発案によって生まれたものです。

現地の医者に「水分を補給して、あとで栄養もとるように」と言われたときに、水を飲みながら、同時に栄養も摂れる商品をつくれないかと考えたそうです。

よく「転んでもタダでは起きない」などといいますが、実際に転んだら、起き上がるのに必死でそんな余裕がないのがふつうです。

コツは「漠然と」ではなく、「可能な限り具体的に」考えること。ビジネスになるかどうかは二の次で、まずは、その状況で生み出せるものがないか可能性を探ることが大切です。

逆手に取る背水の陣を

ＣＤ離れが進む音楽業界ですが、アメリカのアーティストシェアという会社は、その状況を逆手にとった経営スタイルで業績を上げています。

それは、アーティストの制作過程を商品にすることです。

今や音楽はインターネットからダウンロードして聴くのが当たり前です。ならばと、楽譜やリハーサルの音源、インタビューなども同じようにダウンロードできるようにしたのです。

結果、売り上げはＣＤ販売をはるかにしのぐものになりました。

業界によっては不利な状況に置かれているケースも多い昨今、その状況を逆手に取ることで、新たな道が開けることもあるのです。

まるで縁のない場所に行ってみる

アイドル好きの聖地・秋葉原、若者たちの遊び場・渋谷、外国人たちの社交場・六本木――。

もし、あなたが平凡な中年男性だったら、これらの場所は縁遠いかもしれませんが、勇気を出して出向いてみてください。

同じように、女性同伴でないと利用できないスイーツブッフェなども、彼女や女友達と一緒に行ってみるといいでしょう。

ふだん関わりのない場所の空気に触れると、思いもよらぬ刺激を受けます。

仮に、あとでこれらがターゲットの仕事が舞い込めばしてやったり。「そういえば…」と肌感覚で思い出すことができるはずです。

マイナスにプラスを足して相殺する

クライアントが横柄、自分の苦手な分野だ、しかも報酬が安い。仕事にはどうにも気が乗らないというものもたまにありますよね。

こういうときは、その中に気が乗る要素をくっつける努力をしてみましょう。

たとえばシンプルなやり方ですが、納品したら休暇をとると決めるとか、打ち合わせの日は一杯飲みに行くとか。

また、横柄なクライアントの会社の周辺にお気に入りの店を見つけたりすると、営業に行くのが少しだけ楽しみになりますよね。

ちなみに、マイナスにプラス要素をくっつけて相殺することの思考力は、アイデア出しにも役に立ちそうです。

失敗を別モノにする

失敗したらどうするか。

「落ち込んで反省する」と答えた人は、まだまだです。

ミスから生まれたものはこの世に数知れず。有名なのは、アース製薬の「ごきぶりホイホイ」で、これは研究者が洗浄を怠った抗生物質入りのフラスコに、大量のごきぶりが入っていたことで商品化されたものです。

もし、企画の段階でミスをしたら、まずはそれを活かして何か別のものに展開できないかを考えるようにしましょう。

たとえ、何ひとつ思い浮かばなくても、そのときは潔く反省だけすればいいのです。

「おやじギャグ」を連発してみよう！

ソフトバンクグループの代表・孫正義氏は、ユニークな発言でよく話題になります。

特に自虐ネタが秀逸で、「髪の毛が後退しているのではない。私が前進しているのである」というツイッターのつぶやきは4万件以上もリツイートされました。

また、女子サッカーの「なでしこジャパン」の元監督・佐々木則夫氏も、試合の前でさえダジャレを繰り出していたというエピソードは選手の口からも語られました。

成功者ほどおやじギャグが得意です。ビジネスは真面目くさった戦略だけでなく、遊び心や柔軟性が必要だと知っているからなのです。

キーワードは「緊張と緩和」。これをいつも意識すると、感性の幅がグッと広がります。

余った時間は睡眠時間ではない

創造力を必要とする仕事に欠かせないのは、質のいい睡眠です。

最近では「朝活」という言葉もあるように、早起きして仕事をするのはおススメですが、誰にでも合うわけではありません。

たとえば、前夜2時に就寝しても5時起きで大丈夫という人もいれば、起床時間にかかわらず毎日きっちり7時間寝たほうが調子がいいという人もいます。

忙しさにかまけて「余った時間＝睡眠時間」というのが一番悪いパターンです。一度、自分に合った睡眠とはどういうものかをじっくり考えてみてください。

「ボツ・ミーティング」を開いてみよう

２０１６年にノーベル文学賞を受賞したボブ・ディランの代表曲に「ライク・ア・ローリング・ストーン」がありますが、この名曲、じつは「長すぎる」という理由でレコード会社に一度はボツにされたことがあります。

しかし、同じ社内にいた人物が試しにＮＹの人気クラブで流すとたちまち大人気に。こうして伝説のヒットソングは闇に葬られる寸前で息を吹き返し、世に出たのです。

見向きもされなかったアイデアも、見る人が変われば「いや、イケるでしょ」となることもあります。

個々が落としたアイデアをいっせいに集めて検討する「ボツ・ミーティング」を開くのもアリかもしれません。

失敗は〝糧〟だととらえる

大人になればなるほど、失敗をみっともないことだと思う人が増えてきます。みっともないことはしたくないから冒険はしない、そつなくこなせることだけをやるわけです。

でも、これでは発想力を高めたい人にとっては、最悪のパターンです。

失敗というのは、チャレンジしたときのひとつの結果です。もちろん、成功も結果のひとつです。

今まで自分が経験してきた幾多の失敗を〝糧〟だと思って行動できる人は、きっと「どうすれば発想力が高まるのだろう」などとは悩んでいないはずです。

イラ立ちを工夫する

忙しい時に限って電話が鳴る、コーヒーカップをひっくり返す、パソコンがフリーズする。そんなイラっとくる経験は誰しもあることでしょう。

しかし、このイラ立ちを解消するためにはどうすればいいのか、それを考えることも発想力を鍛える原動力になります。

まず、イライラしたことをリストにまとめてみましょう。その中から、コーヒーカップをひっくり返さないように専用のホルダーを取りつけるなど、おもしろそうな課題を選んで、あれこれ工夫してみるのです。

これを続けていると、アイデアを実行に移すという楽しみにハマってしまいます。

嫉妬心をバネに転換する

嫉妬というと男と女の間に生じるものだと考えがちですが、ビジネスにもつきものです。

「同僚がいい企画を考えた」「ライバル会社に出し抜かれた」といったときの嫉妬心は、ある意味、恋愛のそれよりも強くて根深いのではないでしょうか。

落語家の故・立川談志師匠は生前、「本来なら相手に学び、抜くための行動、生活を送ればそれで解決するんだ。しかし人間はなかなかそれができない。嫉妬している方が楽だからな」と語ったといいます。

嫉妬心は誰の心にもあります。ただし、それに苛まれて落ちるか、バネにして飛躍できるかは本人しだいです。

たまにはクラブに行ってみる

自分が行きたくない場所にわざわざ行くなんて、ストレスを溜めにいくようなものだと考えていませんか。

けれど、それをすることでそれまでとは違った価値観を持つことができるなら、ちょっとチャレンジしてみようという気になるのではないでしょうか。

たとえば、静かな場所で過ごすのが好きなら、あえて大音量の音楽が鳴り響いているクラブに行って、そこで数時間過ごしてみる。

その場所は、ふだん過ごしている環境と真逆の別世界のほうがいいでしょう。じっとそこにいると、まるで線路のポイントが切り替わるように、考え方の方向性に変化が訪れるかもしれません。まさに意識の転轍機《てんてつき》です。

古代メソポタミアが生んだひらめきとは？

今、私たちが当たり前に使っているモノも、もとはといえば誰かの発明品でした。

たとえば、重いものを移動させるのに便利な車輪や、小麦からパンをつくる技術。これは、古代メソポタミアで発明されたものです。

発明者の名前も顔も今となってはわかりませんが、どんな物で、どういうきっかけが発明に結びついたのかなど、その様子を想像してみることはできます。

きっと、車輪やパンをひらめいた瞬間は、何気ない日常生活の中だったでしょう。

ひらめきとは、けっして特別なことではないのです。

考えるともなく考える

炊事、洗濯、掃除——。

主婦は毎日こんな家事をこなしながら、「この部屋、もう少し明るくならないかな？」とか「スキマに溜まるホコリを簡単にとる方法があったら…」などと、考えるともなく考えています。

この〝考えるともなく考える〟というのがじつは大切なポイントで、あるときは忘れているのに、何かをきっかけにふと思い出すのを繰り返すことで、潜在意識に働きかけているのです。

だから、まったく脈絡のないことをしながら「あ、これだ！」とひらめくことがあるのです。

今日「ひらめき」がなかったからといって諦める必要はありません。

ホームズが見ているもの

60編からなるイギリスの推理小説『シャーロック・ホームズ』シリーズは、ホームズが事件現場に足を運び、警察が見過ごしていた証拠を見つけ出し、推理をしながら犯人をあぶり出すというパターンでジ・エンドとなります。

現在でも根強い人気を誇るのは、読者がホームズの観察眼に驚かされたいと思っているからかもしれません。

そんなホームズの有名なセリフといえば、

「ワトソン君、君は見ているだけで観察していないのだ」

目に見えるもの以上のものを見なければ、真理は永遠に見えてこないのです。

アインシュタインを見習おう

今は、おいしいものを食べに行ったり、イベントを楽しんだり、仲間と過ごしたりして充実している日々をSNSにアップする時代です。

でも、そんな予定がぎっしりの生活が、じつは発想力そのものを低下させているとか。人間は何もせずにボーッとして怠けている時間に、脳が最大限に動くからです。

20世紀最大の物理学者といわれるアインシュタインも、大学を卒業したものの仕事もなく、周りからみればブラブラしているだけの怠け者でした。

でも、のちに20世紀最大の物理学者と称されるほどの功績を残したのはご存じのとおりです。

小難しいアイデアは使えない

理屈をこねくり回したような小難しいアイデアは、ほとんどの場合は使えません。理解するのに時間がかかるようなことは、初見で捨てられてしまう可能性が高いのです。

小さな子供でもわかるようなモノは、大人にも強くアピールすることができます。

たとえば、パズドラやモンスト、ポケモンGOなど人気のスマホゲームは、どれも子供でもプレイできるような単純なものがほとんどです。

あれこれとささいなことにこだわり過ぎると、かえってチャンスをつぶしてしまいます。シンプルイズベストと肝に銘じておきましょう。

思考の切り替えスイッチを持つ

中堅以上のビジネスパーソンであれば、いくつかの仕事を同時進行で抱えているのは別に珍しいことではありません。

上手にさばいていくために切り替えも大切になりますが、それには自分なりのスイッチを持つといいでしょう。

たとえば、仕事によってBGMを変えたり、作業スペースを移動する。この作業にはコーヒーで、こっちの作業には日本茶などと飲み物を区別してもいいかもしれません。

自分なりの思考の切り替えスイッチを見つけてください。

Step 5

何もないところからひらめく

「ラ・テ欄」はヒットを生む金の卵

新聞のテレビ面のことを「ラ・テ欄」などといったりしますが、今ではパソコンやスマホでも確認できるうえ、テレビの画面でも番組表を見ることができるので、わざわざ新聞をめくって見るという人は減っているようです。

しかし、ここに企画のヒントがぎっしりと隠されています。

たとえば、読売新聞の『試写室』。これは、その日放送するテレビ番組の中からひとつだけピックアップして見どころを紹介しています。

担当記者の目から見た作品の感想や、ウラ話など興味津々のネタが満載です。

じつは、ゲームソフトやショーを手掛けるストーリーテラーにとっては、テレビ番組欄をチェックするのは必須で、ヒット作を生む金の卵なんだとか。

思いもよらぬ発想に着目する

　１９５０年代の三種の神器といえば、白黒テレビ、洗濯機、冷蔵庫と相場が決まっていました。昔は売る（売れる）ものが誰にでもわかっていたのです。

　ところが、現代はそう簡単にはいきません。そこで注目したいのが、ベンチャービジネス（ＶＢ）の最新の動きです。

　ＶＢや起業家たちは斬新なアイデアを持ってスキマ市場に入り込んでいます。どんなキッカケから商売を思いつき、どんな戦略を立てて成功したのか。新聞やネット、雑誌などにはそれらのスキマのマーケットを取り上げたコーナーや特集が毎日のように組まれています。

　なかには自慢話もありますが、大いに参考になるのが彼らの「思いもよらぬ着眼点」です。

井戸端会議に耳をそばだてる

毎日、会社に行って同じ顔触れを見て意見を交わし、居酒屋で〝夜の企画会議〟と称して一杯やるのもいいですが、それでは発想しようにも限界があります。とりわけ、ハッとしたり、ドキッとするようなアイデアには出会えないでしょう。

ところが、新聞の投書欄には年齢や職業、性別、住所も異なる人たちのオピニオンがあふれかえっています。ときには読者同士の意見や感情がぶつかり合っているので、読む人を刺激してくれるアイデアの宝庫といっていいかもしれません。

いってみれば、井戸端会議を立ち聞きしているようなコーナーです。マンネリを打破したければ、一読の価値あり、です。

本質を見失わない三現主義のメソッド

インターネットの情報や動画を見て、わかったつもりになるのは怖いことです。

それはビジネスでも同じこと。検索してヒットした地域情報や県民性だけを鵜呑みにして、ウチの商品は売れると思っていたら、まったく需要がなくて大赤字になったというような失敗も珍しくありません。

やはり、どんなにＩＴが発達しようとも、自分の足で現場に行って、自分の眼で見るという地道な作業は大切なのです。

世界的な自動車メーカーのひとつであるホンダの創業者、本田宗一郎氏は「現場」「現物」「現実」という３つの「現」を行動の指針にしていたといいます。

それは、本質を見失わないための最善の方法なのです。

ヒットの裏側にある4Pを探ってみる

小説に映画、家電、エコカー、スイーツ…など、世の中のあらゆる人気商品やブランドなどについて深掘りしてみると、絶妙な「マーケティングの4P」がそろっていることに気づきます。

マーケティングの4Pとは、「Product（製品）」、「Price（価格）」、「Place（流通）」、「Promotion（販売促進）」のこと。

このように一貫したコンセプトのもとで製品を生み出し、メインとなるターゲットが購入しやすい価格帯を設定し、企業イメージに合った流通チャネルも活用して販売している企業に「無印良品」を展開する良品計画がありま す。

ヒットの裏側を探ってみると、おもしろい世の中の動きが見えてきますよ。

小さな1点を見つめる

いろいろなことが気になって、やるべきことに集中できない。そんなときには「1点集中トレーニング」を試してみましょう。

①真っ白なA4の紙の真ん中に、サインペンで小さな点を描く
②背筋を伸ばして、深呼吸して肩の力を抜く
③静かに呼吸をしながら紙に書いた点を集中して見つめる
④黒い点の周りにぼんやりと白い輪郭が見えたら、目を閉じる
⑤1分間ほどまぶたの裏に現れる残像を見つめ、目を開ける

たったこれだけで、頭がすっきりとして集中モードに入ることができるのです。

ごちゃごちゃをアウトプットする

仕事について考えようとしているのに、まったく別のことばかりが頭をよぎってしまう。何か気になることや気がかりなことがあると、よくこんな状態が起こります。

そうなってしまったら、一度頭の中にあるごちゃごちゃとしたものをすべてアウトプットしてみましょう。

A3サイズくらいの大きめの紙に、「資料作成14時まで」とか「○時に××社訪問　遅刻厳禁！」、「19時　代表戦キックオフ」、「Aさんにあの行動の真意を確かめる」、「帰りにトイレットペーパーを買う」など、どんな些細なこともすべて書き出すのです。

そうすれば、いったん頭を空っぽにすることができて、今やるべきことに集中することができるはずです。

「なぜ」を5回繰り返す

たとえば、ヒューマンエラーをなくすためのアイデアを求められたとします。失敗すれば、「なぜこんなことになったのだろう」と誰しも考えるでしょう。でも「なぜ」が1回だけでは、たとえば「なぜミスしたのか」→「なぜならファイル名が似ていたから」というように直接的な原因しかあぶり出せません。

二度と間違いを繰り返さないために必要なのは、問題が起きた原因ではなく、根本的な解決策です。

では、どうやって解決策を見出すのか。簡単です。「5W繰り返し法」、つまり「なぜ（Why）」を5回繰り返せばいいのです。

「なぜ似たファイル名をつけたのか、なぜなら…」と連想ゲームのように5回繰り返せば、だいたい根本的な原因に行きつきます。

そうしてたどり着いた答えが、相手が待ち望んでいるものなのです。

無責任に夢を語り合う

おもしろいアイデアを思い浮かぶ人というのは、やっぱりおもしろいことを考えている人です。

いつも人を妬み、悲観的なことを考え、悪い結果ばかりを想像している人は、やはりそれなりの考えしか浮かばないものです。

それならば、おもしろいことを考えるトレーニングをしましょう。

まずは気の置けない友人数人と、無責任に夢を語り合います。できないような夢でも何でも語りまくって、バカ話を延々と続けられたら最高です。

ときには呑みながらでもＯＫ。「今度はこんな夢を語ってやろう」と愉快なことを考えていれば、超のつくアイデアマンになる日も近いはずです。

童心に返る

どうやら我々人間は、大人になると常識の枠にとらわれすぎて、知らず知らずのうちに自分の中にカギをかけてしまい、自由な発想が出てこられないようにしているようです。

そのカギを外すには、童心に帰ってみることです。

４００万部を超えるベストセラーとなった『バカの壁』（新潮社）の著者で、解剖学者の養老孟司氏は、世界を股にかけて昆虫採集に出かけるほどの無類の虫好きで知られています。

その氏によると、虫取りに行くと「正気」になるのだとか。正気とは、「しがらみのない心」ともいえるかもしれません。

そんな子供の頃の自分に戻れることに夢中になってみてはどうでしょうか。

立って仕事をしてみる

北欧ではメジャーとなっているスタンディングデスクを導入する企業がここ数年、日本でも増えています。

スタンディングデスクとは、その名の通り〝立って使える〟机のことで、座って仕事をするよりも成果が上がることは、アメリカのテキサス州立大学の研究チームによって実証されているとか。

たしかに、ずっと座りっぱなしでは血液の循環が悪くなり、脳も酸素不足になって集中力が途切れてしまいます。とはいえ、ずっと立ちっぱなしも疲れるので、定期的に立ったり座ったりを繰り返すのが理想です。

そうすれば気分が切り替わって、いつもフレッシュな状態が保てるのです。

落書きを楽しむ

大切な書類などを持ち歩くのに便利なクリアファイルですが、このクリアファイルをもう1枚用意して、その中には裏紙のコピー用紙を入れていつもカバンの中に入れておいてください。

それも1、2枚ではなく、20～30枚くらいのまとまった枚数を。

これは、いわば〝大人の落書き帳〟です。ここにヒマさえあれば好きな絵を描いたり、キーワードを書き込んだり、ラフスケッチを描いてみるのです。

時代が変わっても変わらない子供の遊びの定番に、お絵かきがあります。テーマのない自由なお絵かきには、脳の発達や活性化、ストレスの緩和という素晴らしい効能があるのです。

現代人は、暇さえあればスマホをのぞき込んでいます。ひらめき脳をつくるためにも、もっと落書きを楽しんでみましょう。

この〝感じ〟を本棚で温める

小説を読んでいると、ビジネス書ではなかなか浮かばないような抽象的で、かつ強烈なインスピレーションが湧いてくることがあります。

今この瞬間に湧いてきた、この〝感じ〟をどこかにとどめておきたいときには、本に巻いてある帯を裏返してメモってしまうのです。もし帯がなかったら、本のカバーを裏返しにしてもいいでしょう。

そうすれば、自分の中に湧いて出た一瞬のひらめきと、それを与えてくれた本を一緒に保管することができます。

まとまった形になるまで、本棚でじっくりと温めておきましょう。

小さなノルマを課す

ほとんどすべての人間は、もうこれ以上アイデアを考えるのは不可能だというところまで行きつき、そこでやる気をなくしてしまう。勝負はそこからだというのに。

トーマス・エジソン（発明家）

発明王のエジソンは生涯で１０００を超える発明をしたといわれています。この膨大な数の発明を可能にしたのは、持って生まれた才能だけではありません。彼は自分自身に小さな発明を10日に１つ、大きな発明を半年に１つするというノルマを課していたのです。

天才エジソンをもってしても、アイデアとは自然と湧き出るものではなく、努力の積み重ねによって生み出されるということがわかります。

まずは、１週間にひとつから。頭をひねり続けてみませんか。

不便な状況に身を投じてみよう

便利なモノに囲まれ、心身ともに満たされていると、新たな発想は生まれにくくなります。

必要は発明の母というように、「○○が欲しい」とか「○○をやりたい！」という強烈な思いこそがアイデアを生み出す原動力となるからです。

スマホを手元に置かない、メモは手書きでとる、外食をやめるなど、できることはいろいろあります。

不便な状況にあえて身を投じ、その苦況をなんとか打開しようとする思いと努力こそが新たな発想の原点となるのです。

楽しいワンテーマを追求する

現代はインターネットで調べれば、何でもそれなりに情報が得られる時代です。おかげで、広くて浅い知識の持ち主ならたくさんいます。

だからこそ、欲張らずにひとつのことを掘り下げて得意分野を持つようにしたいものです。

「この分野は○○さんに任せられる」といわれるくらいになっておけば、得意な仕事ができるチャンスが増え、厚みのある企画を出すこともできるでしょう。

一芸に秀でるとはまさにこのこと。考えるのが楽しくなるようなワンテーマを追求しましょう。

群から独立する

共通の話題が多く情報交換にもなるからと、社会人になるとどうしても同じような仕事をしているメンバーで集まってしまいます。

しかし日々、新しい市場の開拓やプロジェクトを求められる仕事をしているなら、同業者と群れているのは、それだけで時間のムダというものです。

同じ仲間から得られるのは、いわば自分にとっての日常的な情報ばかり。そこには発展や新鮮味は期待できません。ややもすると、ただのなれ合いの集団になってしまう可能性大です。

でも、年齢や職業、歩んできた人生が違う人と話をするとハッとするような考え方に出会えます。人より一歩先を歩いてみたいなら、そろそろ群れから独り立ちしてみませんか。

小さな切り抜きは裏紙で管理する

新聞や雑誌でおもしろい記事を見つけたら、切り取っておくのが習慣になっている人も多いでしょう。

しかし、困ったことに小さな記事は他の書類などに紛れてしまって、いつの間にか紛失してしまうこともしばしばあります。

そこで、小さな記事は裏紙のコピー用紙に貼って管理するようにしましょう。Ａ４ならＡ４、Ｂ５ならＢ５で大きさをそろえることがポイントです。

裏紙１枚につき、１つの切り抜きを貼りつけておけば、余白に思いついたことを書き込むことができます。

これをファイルにまとめて一括管理すれば、お手製のネタ帳の完成です。

虫を見て人の心をつかむ配色を知る

目先を変えるのは、簡単そうで難しいもの。

新しいメニュー開発ならレストランで、ファッション関係ならファッション雑誌やアパレルショップと、いざヒントを得ようとすると、どうしても定番の情報源に頼ってしまいがちです。

でも、それでは既存の枠からはみ出ることはできません。

自分なりにおもしろいものをつくってみたかったら、人為的でないものにアプローチしてみることです。

たとえば、人の心をとらえる配色について知りたかったら、虫や花、空、海、川の色などを観察したり、料理についても素材の持つ味を研究してみるのです。

自然の中にはまだまだ発見がいっぱいあります。

手帳は仕事＋プライベート＝1冊で

仕事とプライベートを区別して、仕事用のスケジュール帳には仕事の予定だけを書いているという人もいるでしょう。

ところが、それでは手帳を開いたとたんに頭が完全に仕事モードに切り替わってしまい、〝遊び〟がなくなってしまいます。

発想につながる思考というのは、1色よりも多色がマーブル状に混在しているほうがいいといわれます。混じり合った部分から目新しいものが浮かび上がってくるからです。

だから、手帳は公私を一緒くたにしたほうがいいのです。

ビジュアル化して考える

話を聞いても理解できないときに、「絵が見えてこないんですが…」と言う人がたまにいます。これは、この人が話をビジュアルでとらえようとしている証拠です。

自分はこのタイプかもと思い当たるふしがあったら、文字よりも絵を見たり、描くようにして考えるといいでしょう。

たとえば、売上アップを数字でとらえるのではなく、注文が殺到して会社が活気づいている様子を頭の中でビジュアル化し、それに向けて何をすべきかをイメージしていくのです。

発想法に正攻法はありません。自分の特質を見極めることも考え方を柔軟にする方法のひとつです。

情景を切り取ってタイトルをつける

商品はネーミングが命です。それだけで売れ行きが断然違ってきます。たとえば、

・コンビニスイーツを制覇した同僚が、「チーズケーキなら○○が最高」など語っている↓『スイーツ男子Sの講義』
・仕事帰りにコンパに行く後輩が買ったばかりのピンヒールのパンプスを履いてきたが、歩き方が危なっかしい↓『よろめき美人』
・妻が包丁で、一度も途切れさせることなくリンゴの皮をむききった↓『妻の一芸』

こんなふうに、ふと目に留まった情景にタイトルをつけてみましょう。これだけでクリエイティブ脳がみるみる働き出します。

もしも予算が足りなかったら…

どんな仕事も、そこには必ず決められた予算があります。せっかくいい企画を立てても、予算オーバーでは却下されるのがオチでしょう。

「予算が動かせないなら、その範囲内で当初の80パーセントくらいの完成度をめざす」

こんなふうに方向転換する人も多いかもしれませんが、残念ながらこれは一番中途半端な対処法です。

80パーセントは合格点でも満点ではありません。妥協によって欠けた残りの20パーセントに、むしろとんでもないヒットの種が眠っているかもしれないからです。

めざすのは常に１００パーセント、それが無理なら別のモノをつくり直す。これがクリエイティブな仕事の基本です。

アイデアをマトリクスに落とし込む

アイデアを出すなら多いに越したことはないのですが、いざ実行するとなると何でもやればいいというものではありません。

たくさんある中でどれを優先すればいいのか、選択肢を絞り込むときに役立つのが「ペイオフマトリクス」です。

縦軸を実現するまでの時間やコストを表す「難易度」とし、横軸を利益などの効果を意味する「実効性」と決めて、簡単なマトリクス図をつくります。そこに浮かんだアイデアを当てはめていけばいいわけです。

こうすることで「いい案だと思ったのに儲けは出なかった」というような致命的なミスを事前に防ぐことができるのです。

集中力が欠けたら
PCの整理をする

行き詰まったときというのは、頭の中はいわばゴミ屋敷同然です。漠然として形にならないアイデアが散乱し、何がどこにあるのかわからないような状態ではまとまるものもまとまりません。

こんなとき、モノを整理すると混乱している頭が一緒に整理されることがあります。

おすすめはパソコンの整理です。仕事をしているとデータやメールがどんどん溜っていきますが、削除したり保存したりという整頓作業は後回しになりがちです。

そこで集中が途切れたと思ったら、思い切ってこれに手をつけましょう。

不要なもの、必要なものを仕分けしていくうちに、頭の中も整理されていきます。それに、仕事にヒントになるような、意外な過去のデータを発見できるかもしれません。

小さな誤差を甘く見ない

通りと平行している裏道に入ったら、知らない間に通りからどんどん離れていたようで、気づいたらとんでもない場所に出ていた…。車を運転している人なら一度はこんな経験をしているのではないでしょうか。

細かい部分にとらわれると思考力は滞りますが、小さな数字やちょっとした誤差を見逃すことで、見当違いの方向に進んでしまうことがあります。

たとえば夏場のビールの売れ行きは、わずか1度の気温差で大びん１００万本分の差があるといいます。

たかが1度、されど1度。企画の初手で小さな誤差を軽視すると、あとでしっぺ返しを食らうことになるので要注意です。

「一人発想ノート」をつける

子供の学力はその世帯の年収に比例して下がる傾向にあるという分析結果がありますが、青森市のある中学校では、生徒に「一人勉強ノート」をつけさせたところ成績が上がったそうです。

これは1日1ページ、自分の苦手な課題の問題を解いたり、復習をしたりして先生に添削してもらうというシステムです。

ちなみにある生徒が言うには、このノートのおかげで勉強をするクセがついたというのです。

ならば、「一人発想ノート」もアリだと思いませんか。問題は誰に添削をしてもらうかですが、少なくともアイデアをひねる習慣をつけるにはもってこいではないでしょうか。

企画書は「松」「竹」「梅」で

蕎麦屋やすし屋のメニューには「松」「竹」「梅」と書いてありますが、多くの客が選ぶのが真ん中の竹です。

これは、行動経済学でいうところの「選択回避の法則」または「松竹梅理論」にあたります。

企画もこれと同じです。

一発必中を狙うのも結構ですが、まっさらな状態から立ち上げるケースではこれらの３つの案を用意しておくといいでしょう。

受け取ったほうも他の案と比較して判断できるうえ、たとえ全部がボツになってもあとになって復活する可能性も多少はアップするというものです。

コーネル大学式ノートを埋める

1ページを3分割するという、画期的なレイアウトの「コーネル大学式ノート」を知っていますか？

これは、１９８９年にアメリカのコーネル大学の教授が学生のために発案したノートなのですが、これを打ち合わせ用のノートに使うと自然と考えるクセが身につきます。

まず、打ち合わせした内容を一番大きなスペースにメモし、縦長のスペースにはキーワード、横長のスペースには思いついたことを書くなど、各スペースに役割を与えておくのです。

そしてポイントは、常にどのスペースも埋めることを自分に課すこと。これを続ければ、しだいに頭がやわらかくなっていきます。

ノートは雑多なほうがいい

一度に並行して複数の仕事をしているとき、打ち合わせや会議に使うノートは案件ごとに分けずに、すべて1冊のノートにまとめることをおススメします。

もちろん、重要な資料などは案件ごとにファイルをつくって整理しなくては混乱を招いてしまいますが、ノートは1冊がいいのです。

なぜなら、パラパラとページをめくっているときに、今考えていることとはまったく無関係なキーワードが目に入り、それが着想のきっかけになったりするからです。

よく作家の書斎などは雑多なモノで溢れていたりするものですが、それと同じようにノートも多少ごちゃごちゃしているほうがインスピレーションが湧くきっかけになるのです。

「時」と「場所」もメモする

いつもメモ帳を持ち歩いて、おもしろいことを見つけたらすぐにメモをすることを習慣づけている人も多いでしょう。

しかし、そのメモに「時」と「場所」を書いている人はそれほどいないのでは？

たとえば、コンビニで高校生が「バニラアイスに醤油をかけて食べると、みたらし団子の味がする」と話していたのを耳にして、「バニラアイス＋醤油＝みたらし団子」とメモったら、そのそばにその日の日付と店名を書いておくのです。

このようなちょっとした情報はヒントの蓄積になりますが、もちろんすぐに役立つとは限りません。だからこそ、きちんと記憶をたどれるようにデータベース化しておくのです。

寝ぼけ眼で〝朝メモ〟をする

朝、けたたましく鳴り響く目覚まし時計を止めて、「もう少しだけ」と布団をかぶり直して目を閉じる。

この半分起きているようで、眠っているような状態の至福の時間に仕事のことを考えてみてください。すると、不思議と妙案が浮かんでくるんです。

まだ頭がボーっとしていて、寝ぼけ眼の状態から抜け出ていないせいかもしれませんが、このタイミングでのアイデアはとにかくピュアで新鮮です。

そこで大切なのは、忘れないうちに書き留められるように枕元には常にメモを用意しておくことです。

これで、1日のはじまりが断然スムーズになります。

一面だけで判断しない

クイズです。

真正面からみると三角ですが、真上から見ると丸く見えます。横にするとメガホンのようにも見えます。

さて、この立体の形は？

——答えは円錐ですね。

こんなクイズからもわかるように、物事は一面だけを見ていても全容はいつまでたっても解明できません。

それに一面だけを見て判断すれば、間違いのもとになります。物事は多面的にとらえて、さまざまな人の意見を聞く。そうすれば物事の本質が見えてくるようになります。

3色マーキングテクを使う

たとえば、過去の失敗を教訓に、次は必ず成功させなければならないという仕事を担当することになったとしましょう。

こういう場合、慎重を期す意味でもまずは長年蓄積したデータや資料をたくさん読み込むはずです。

そんなミッションを確実にやり遂げるのに心強い味方が「3色マーカー」です。

赤は「キーワード」、青は「成功例」、緑は「失敗例」などとマイルールを決めて、マーキングしながらデータや資料を読み進めていくのです。

そうすれば、余すことなく理解できるだけでなく、どんなアイデアが望まれているのかをきちんと把握することができるのです。

芝居がかると妙案が浮かんでくる

主人公が何やらブツブツと独り言を言いながら部屋の中を歩き回り、突然両手を打ち鳴らして「そうか！」としたり顔をする――。ドラマなどではありがちなシーンですが、現実にそんなことをしているとずいぶん芝居がかっているように見えます。ところがこの動きをまねると、じつは脳を活性化させることができるのです。

仕事というと、じっとデスクに向かってするものと思いがちですが、時々立ち上がって資料を音読したり、歩き回りながら問題点などについて考えたりすると、常に脳が刺激されるためにいきなりひらめいたりするのです。

実際にやってみると、意外な効果が実感できます。

「あと一歩」が出なくなったらとっとと帰る

あと少しで形になるのにゴールが見えない。こんなときは、思い切ってとっとと帰るに限ります。

脳がもう考えられないと限界に達しているとき、感情や意欲にかかわるドーパミン物質は、もはやほとんど出ていないので、おもしろい発想など出てくるはずもありません。

だったら、あえてほったらかしにしたまま帰ってしまうのがベストです。

やりかけの仕事を残すなんて性格的に嫌だという人もいるかもしれません。

ですが、そんなことおかまいなしにして帰ってしまえば、翌朝に出社してすぐ「昨日の残りを詰めなくては」と戦闘態勢になり、アイドリングなしで仕事にとりかかれます。

ブレストは手書きがおススメ

ミーティングといえば、おのおのがパソコンやタブレットなどの端末を開き、場合によってはプロジェクターで議題を映し出して話し合うといった形が一般的です。

しかし、ブレストが目的の場合は「手書きのメリット」を活用しない手はありません。

すでに出来上がっている資料を見ながら話し合うのに比べて、紙やホワイトボードに書き出していくと、自然と一体感やリアリティが生まれます。そうすることで、その場がどんどん熱を帯びてくるというわけです。

ポイントは特定の1人ではなく、誰もがペンを持って書き込むようにすること。書くという手作業にも似た動作にモノづくりの感性が刺激されます。

「素材」は使い切らない

映画でもドラマでも、大ヒットすれば「パート2」や「続編」が出るのがお約束です。

あなたのアイデアも先方やマーケットが気に入れば、「同じようなもので第2弾を」とか「続きを」というオーダーがあるかもしれません。

そんなときのためにも、これだというアイデアはすべての素材を使い切らずに少しだけ残しておきましょう。

全部を出し切ってしまい、いわゆる出がらし状態でつくると、せっかくの第2弾もコケること必至です。

手の内はすべて見せない――。ちょっと上級のテクニックですが、ヒットメーカーの常とう手段でもあります。

ひらめきを録音する

ミュージシャンの中には、いいメロディが浮かんだら短くてもすぐに鼻歌を録音するという人がいます。

楽譜を書いたりメモを取るよりも手軽で、メロディを生きたまま保存できるからでしょう。

アイデアも同じです。思いついたらすぐに書き留めるのが鉄則ですが、ミュージシャンにならって録音機能を使ってはどうでしょうか。

幸い、今はスマホにボイスレコーダーがついています。これを使えば、散歩の途中で思いついたひらめきでも簡単に声でメモすることができます。

赤い手帳は今も生きている⁉

発見したことや思いついたことを書き留めるために、メモを持ち歩くことはもはや常識ですが、そもそもこのメモをするという行為にはいったいどれくらいの効果があるのでしょう。

19世紀後半に創業したアメリカのNCR社のカリスマ経営者、ジョン・パターソンは、アイデアをメモするために社員に赤い小さな手帳を携帯するよう命じていました。それを持っていない社員は、それだけで容赦なくクビにしたといいます。

そして、時は流れて20世紀になるとアメリカの大企業の創業者のうち、じつに6分の1がNCR社の出身者だったのです。

IBMの創業者であるトーマス・ワトソンもNCR社の出身でした。

モニタリングされた人を観察する

人間観察バラエティ『モニタリング』（ＴＢＳテレビ）という番組があります。

これは、「もしも○○だったら」というありそうであり得ない状況をつくり、そこで人間はどんな反応を示すかを観察するという企画です。

この番組を見るときは、ただ反応のおもしろさに笑っているだけではもったいないと思いませんか。

モニタリングのターゲットなった人は、なぜこんな行動をとったのか、なぜそう考えたのか、どうしてあんなふうに反応したのか。よく観察して、そのワケを考えてみてください。

たくさんの理由が出れば出るほど、あなたはやわらかな発想力の持ち主です。

プロにたずねる

頭の中に浮かんだものを実際のカタチにしようとするとき、自分だけではどうにも前に進めないことが起こります。

たとえば、サンプルをつくりたいけど、どこにどう頼めばいいのかわからない。そんなときにはその方面に詳しい人に聞くのが一番です。もしかすると、「3Dプリンタを使ったら、すぐできますよ」なんて答えが返ってくるかもしれません。

そんなに都合よく詳しい人が身近にいないなら、プロに聞いてみましょう。もし、デジタルな分野が苦手なら秋葉原の店員に質問する、魚の生態を知りたいなら水族館のスタッフにたずねてみるのです。

悩みや疑問が一発解決するだけでなく、新たな発想の扉が開くかもしれません。

非常識な人を受け入れる

いつも意見が合わずに、一緒にいるとどうしても議論になってしまうという人がいないでしょうか。一緒にいるとたしかに疲れるタイプではあります。

しかし、自分にとって非常識なことを考えているということは、目からウロコが落ちるような意見をとことんまで聞けるということです。

だから、つき合うのが面倒だと思わずに、自分の幅を広げてくれる人だと思って上手につき合うのが正解。

ものは考えようで、そう思えばストレスもひとつ減るというものです。

役割を見直す

ひと昔前、キッチンといえば料理をつくったり、そのあと片づけをしたり、鍋やフライパンなどの調理器具をしまう場所でした。

今は、もっと役割が増えています。

まとめ買いをした食品をストックできるスペースや、生ごみ粉砕機もあります。しかもゴミ箱を収納できる設計になっていたりして、より快適に使えるようになりました。

このようにすでにあるものをもっと魅力的にするために、「役割を見直す」という方法があるのです。

お客さんは何を望んでいるのか

突然ですが、キャバクラのすごいところはどこだと思いますか？

キレイどころをズラリと揃えているというだけではありません。こういった形態のサービス業の中で、最も利益率が高いところです。

つまり、あのきらびやかな空間には、鼻の下を伸ばした男性諸氏の財布のひもをゆるませるさまざまな仕掛けがあるということです。

ところで、何かおもしろいことを思いついたら、キャストの女性に披露してみてください。彼女たちの反応を見るのです。

その反応のよさに手ごたえを感じ、持ち歩きやすいペン型の商品を開発してヒットさせた人もいます。まさに、ギブアンドテイクの関係ですね。

意外といっては失礼ですが、マーケティングにも役立つアフター5の空間なのです。

リアルな数字を身につける

いろいろと考えをめぐらすことを千慮とか万考、計慮などといいますが、人間は何かを考えているとき、頭の中では、同時にそれが実現可能かどうかも検討したり、模索しているものです。

そんなときに知っておくと便利なのが、実際のモノのだいたいの重さや長さ、距離、時間などです。

たとえば、文庫本１冊の重さは約１５０グラム、ビルの１階部分の高さは約３メートル、東京―大阪間の距離は約５５０キロメートルで、新幹線ののぞみで移動すると２時間30分かかります。

このようなリアルな数字を知っておくと、日常的に携帯できる重さなのか、何日で移動できる距離なのかなどが具体的にイメージできるのです。

災い転じて売り切れとなる

チューリップを品種ごとに詰めた球根の箱が、荷崩れを起こすトラブルが発生！　どれがどの品種の球根なのかわからなくなってしまいました。

このままでは出荷できないと、球根の破棄も覚悟していたところにある提案がありました。

その名も『球根ガチャ』。

球根を詰め合わせにして、何が出てくるかわからない〝ガチャガチャ〟感覚で売り出そうというものでした。

その結果、何色が咲くのかがわからないワクワク感がウケて、あっという間に球根は売り切れてしまいました。

これは大阪の園芸会社で実際にあったお話です。

ビジュアルに固執しない

どんなに中身がよくてもビジュアルがイマイチだったら、客を買う気にさせるには難しいものがあります。

でも、このパッケージは先代が有名なデザイナーに頭を下げてつくってもらったものだから、などという理由でいつまでも使い続けるのはとてもリスキーです。

もちろん、そのうちに流行が一巡して古いパッケージがレトロだともてはやされる時期がくるかもしれませんが、それはそのときに限定版で復活させればいいだけの話です。

今はツイッターなどでリアルタイムにＰＲが可能な時代。客が望むビジュアルに変身させるという攻めの姿勢を貫きましょう。

人が出会い、目を合わせると
何かが生まれる

『トイ・ストーリー』や『ファインディング・ニモ』、『レミーのおいしいレストラン』などの人気アニメ映画を生み出してきたピクサー本社の建物は、中央に大きなアトリウムがあることで有名です。

アトリウムとはガラス天井の吹き抜けの空間のことで、ここに会議室やメールボックス、カフェテリア、トイレなどすべての部署の社員が使う場所が集約されています。

ここに来たら、人と人とが自然と交流して会話が生まれる仕掛けになっているのです。

設計したのはピクサー創業メンバーの1人であるスティーブ・ジョブズ。人と人とが出会い、目を合わせると、そこから何かが生まれることを体験的に知っていたのです。

選び出すセンスを持つ

化学賞と平和賞で2度のノーベル賞を受賞したライナス・ポーリングは、学生にこう聞かれたそうです。

「なぜ、そんなにもいいアイデアが浮かぶのですか？」

これにポーリングはこう答えました。

「いっぱい浮かんだアイデアの中から、よくないものを捨てていくんだよ」

数打ちゃ当たるというと聞こえはよくないですが、たくさんアウトプットして、その中からいいものだけを選び出すセンスも必要です。

Step 6

「進むべき道」をひらめく

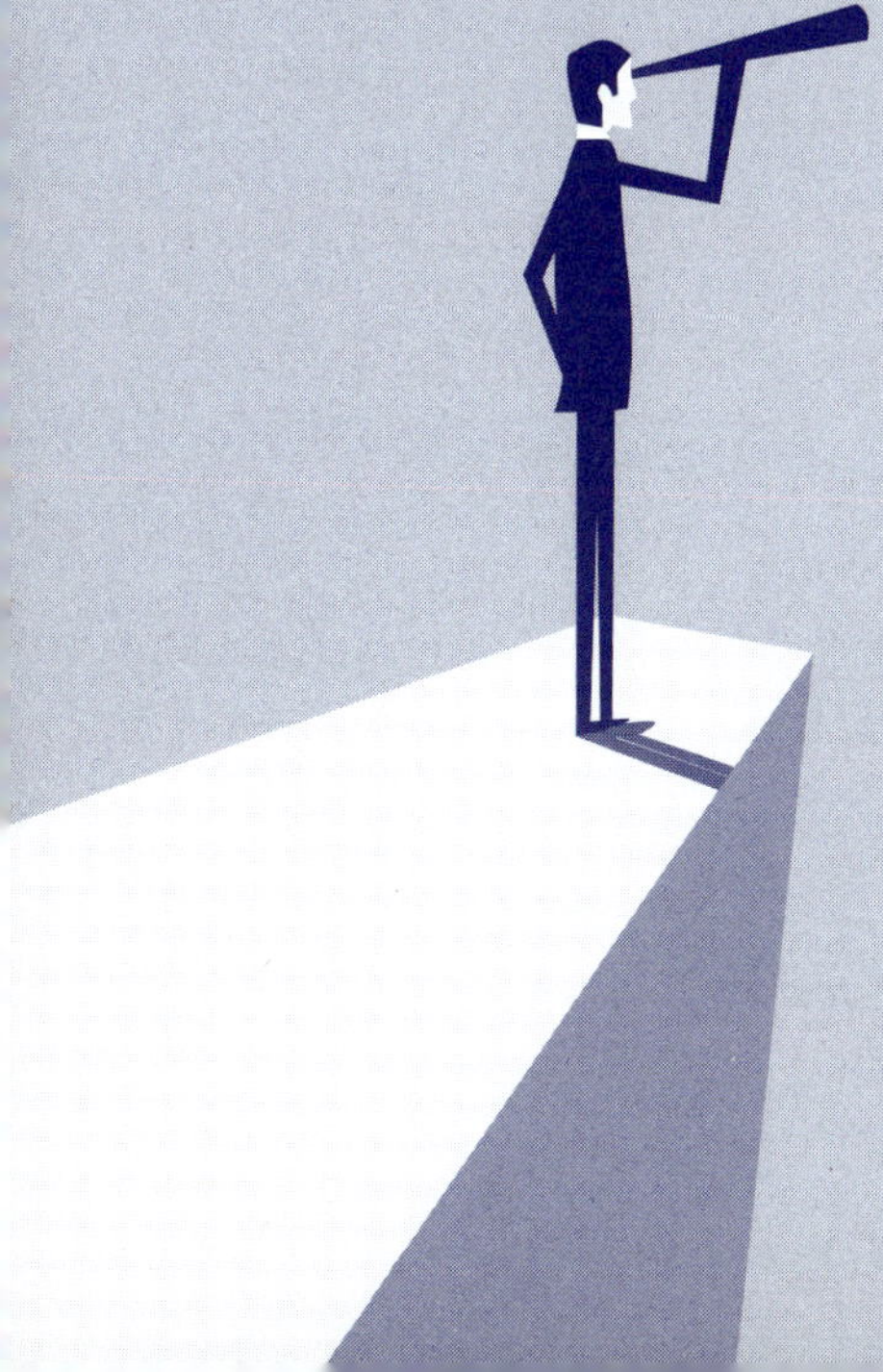

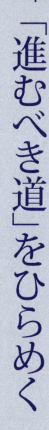

空間認識能力を鍛える

考えたことを頭の中で立体的に描くことができると、机上のアイデアが実現可能かどうかをかなり正確に予測することができます。

これは、「空間認識能力」のなせるワザでトップアスリートほどこの能力が高く、それが凡人には思いつかないプレーを引き出しているといいます。

たとえば、サッカーの司令塔は、試合中に何度も首を左右に振って周りを見ています。これは絶妙なパスを出すために、スペースや周囲の動きを素早く認識しているのです。

空間認識能力は、目を閉じて目標物に向かって歩く訓練などでも培われます。ぜひ今日から鍛えてみませんか。

少数派になることを恐れない

自信を持って発案したことが、ほとんど受け入れてもらえなければ自信を失くしてしまうのがふつうです。

しかし、これは絶対に正しいという確信があるのなら曲げずに押し通してみるべきです。

アメリカの歴代大統領にも多大なる影響を与え、「経済学の巨人」と評されたハーバード大学名誉教授のガルブレイスはこう言っています。

「経済学の世界では、決まって多数派が間違える」

自信は、多数派にすり寄らない、流されない勇気がなければ身につきません。

二者択一のトラップに引っかからない

どちらにもメリットとデメリットがあり、決定打に欠けるA案とB案という2つの案が目の前にあるとしましょう。

さて、あなたはどっちを選びますか。

ここで頭を抱えてしまった人は、残念ながら二者択一のトラップに引っかかってしまっています。

提示された選択肢が2つだからといって、必ずしもどちらかを選ぶ必要はありません。2つをかけ合わせたり、足したり引いたりしながらベストな形にすればいいのです。

いわば、「いいとこどり」ですね。かっこよくいうなら「創造的な選択」です。

植物を品種改良するつもりでやってみましょう。

エアロバイクを漕ぎながら考える

じっとパソコンの画面を見つめながら、はや15分――。そんな硬直した状態に何十分も費やすのは、時間がもったいないものです。どうにもならないときは、あと10分だけ集中して考えようと時間を区切りましょう。

その間に妙案が浮かべばその仕事を継続し、何も浮かばなかったら現在の状況をメモしておいて他の仕事に切り替えればいいのです。

マイクロソフト創業者のビル・ゲイツはかつて、「1日の時間が足りないからエアロバイクで運動しながら新聞を読むという芸を極めているところ」と言っていました。

そんな芸当はムリ！　という人は、ぜひメモをして切り替えてください。

視点をずらして考える

今までうまくいっていたのに急に何も思いつかなくなる…。

そんなこともあるでしょう。こういうとき、それまでと同じ思考パターンでいれば飛躍的な発想は生まれません。

では、どうすればいいかというと、ちょっとだけ「視点」をずらしてみるのです。視点をずらすことで、直面する問題の新たな側面や課題にはじめて気づくことを心理学では「中心転換」といいます。

トヨタグループでは、この視点をずらして思考することを大事にしているそうです。

お客様の視点、競合他社の視点、他業種の視点など、さまざまな角度から見たり考えたりする習慣をつけることが世界のトップを走り続ける秘訣なのでしょうか。

アイデアを刺激したいなら好みの色で

居心地のよさと集中力は比例します。自分が心地いいと感じる場所では、惑わされることなく仕事に打ち込めます。ハッと気づいたら何時間も経っていたなどということもあるでしょう。

ところが、居心地の悪い場所というのはそこにいるだけでストレスを感じてしまい、集中するどころではありません。だから、仕事をするスペースはできるだけ快適に、自分の好きな色やモノでそろえましょう。

一般的に、壁にはピンクやベージュなどの淡くてきれいな色の壁紙を貼るとストレスの軽減になるといわれますが、アイデアの刺激になるのであれば濃い色でも柄入りでもＯＫ。自分好みのスペースをつくってみましょう。

ワクワクする5年後を想像する

理想とする5年後の自分を思い描いていますか？

キャリアアップして年収は今よりン百万円アップしていて、海の近くに小さな別荘を買って、週末は車に愛犬を乗せて行って過ごす…。

どんな夢でもこんなふうにワクワクするくらい具体的にイメージすることで実現するといわれます。企画を考えるときも、まずはワクワクする5年後の仕事を想像してみるといいでしょう。

そうすれば、その実現のために4年後、3年後、2年後、1年後、そして今何をすればいいかがわかるからです。これを「タイムマシン法」といいます。

ポイントは、どれだけ具体的にイメージできるかです。

洗いざらい話せる異性の友達はいる？

恋愛、生き方、仕事のしかた…。

同じ人間であっても、男性と女性とでは考え方に違いがあります。男なら常識だけど、女にとってはあり得ないと思う部分もたくさんあるのです。

たとえば、女性は新しい彼氏ができれば元カレの上に「上書き保存」することができますが、男性のほうはというと新しい彼女ができても元カノを忘れられず「別名保存」にするといわれます。

でも恋愛関係は別にして、お互い腹を割って洗いざらい話すことができる異性の友達というのは貴重な存在です。

その友人を通して、自分の性とは別のもうひとつの視点を持つことができるうえ、あなたの人間としての幅を大きく広げてくれるはずです。

あえて「ロングテール」を狙う

あるところによろず屋がありました。

ある日、なじみの客が店にやってきて、「なんでこんな高いものを置いてんだい？」と聞いたところ、主人は余裕綽綽で「これがあるから、店を続けていけるのさ」と言いました。

その品は、じつはマニア垂涎のマイナー商品だったのです。

ヒット商品は一時的には売れますが、長くは続きません。それよりも1年に1つ売れるかどうかの商品のほうが、長い目で見ればヒット商品の売り上げを超えることがあります。

これは恐竜のしっぽになぞらえて「ロングテール」といいます。ときにはマイナーな視点も大切ですね。

朝の1時間をムダにしない

ひとりきりで仕事と向き合うには、早朝がうってつけの時間帯です。

誰にも邪魔されないうえ、急ぎの電話もかかってこない。何より空気が新鮮だし、静寂さが身を包んでくれます。

脳も十分に睡眠をとったあとなので、多くの情報を精査したり、判断するにはこの時間をおいてほかにありません。

いつもより1時間早くオフィスについて、仕事と向き合う時間をつくってみましょう。

早起きは三文の徳といいますが、少し早起きするだけでアイデアが生まれる環境と態勢をつくり出すことができるのです。

「あの人のために」と想定してみる

誰にとっても楽しいもの、年齢や性別に関係なく受け入れられるもの――。こんな普遍的な考え方が、ときには思考を狭めてしまうのかもしれません。

作家の眉村卓氏は、世に出す予定のなかった短編（ショートショート）を、闘病中だった妻に毎日一遍ずつ読ませていたといいます。

ホンダを代表する小型バイク「スーパーカブ」は、もともとは創業者の本田宗一郎氏が買い物に苦労する妻を見かねて考案したといわれています。

万人のためではなく、「あの人のために」と想定して考えてみませんか。

熱くなる前にいったん寝かせる

これだ！と思いつくとつい熱中してしまい、ああでもないこうでもないと言いながら一気に練りあげてしまう人がいます。

しかし、思いつきをいったん寝かせることも大切です。一晩置いてみたり、時間がなければコーヒーブレイクを入れてみたりするだけでも違います。

この〝間〟を置くことで、興奮した頭が冷やされ、客観的にその案を眺めることができるのです。

作家の村上春樹氏は長編小説を書くと、しばらく寝かせてから書き直すそうです。メールの返事を出すときも、一晩寝かせてから送信するのだとか。

いったん寝かせている間は、ほかの作業をすればいいわけです。

理想は笑われるくらい高く

「常に人に笑われてきた悔しい歴史が、僕の中にはある。これからもそれをクリアしていきたいという思いはあります」

これは誰の言葉だと思いますか？　じつは、日本が誇るメジャーリーガーのイチロー選手の言葉なのです。

毎日野球をしていた小学生時代は「あいつ、プロ野球選手にでもなるのか」と笑われ、大リーグに移籍するときには「首位打者になってみたい」と言ってマスコミ陣に苦笑いされたとか。

でも今、イチロー選手を笑う人は誰もいません。

一生に一度くらい、壮大なアイデアを実現させてみたいと思いませんか？

「やりたいこと」より「やらないこと」

やりたいことをやろう！

やる気満々の上司や同僚から、こんなふうにハッパをかけられることがありますが、この考え方は一見自由なようにみえて、不自由な場合もあります。

「戦略とは、何をやらないかを決めることである」といったのは、ハーバード大学教授のマイケル・ポーターです。

この言葉のとおり、まずは「やりたいこと」より「やらないこと」をリストアップして潰していったほうが、意外とすんなり思いついたりするものです。

身近な「困った」を探す

雨の日は、部屋干しの洗濯物に生乾きの匂いがして困る。

そんな消費者の「困った」を解決しようと商品化されてヒットしたのがライオンの「部屋干しトップ」です。

これには高層マンションに住んでいるためにベランダに洗濯物を干せなかったり、仕事で昼間に洗濯物を出せなかったりする人の増加が開発の背景にあります。

そんな消費者の声から商品の特性やネーミングにヒントを得たわけです。

よく目を凝らして見れば、「困った」はいろいろなところに転がっているはずです。

まずは身近な「困った」を探してみては？

「モノの言い方」が評価を決める

「満足しなかったのは、10人のうちたった1人だけ！」

「満足度は驚異の90パーセント！」

よく宣伝にはこんなフレーズが使われますが、じつはこの2つはまったく同じことを意味しています。でも、よりよい印象を受けるのは間違いなく後者でしょう。

このように同じ事実なのに、表現の違いによって受け手の評価が変わることを「フレーミング効果」といいます。

広告やチラシを見ていると、このカラクリはあちこちで使われています。

企画書を作成したら、この法則を意識してもう一度チェックしてみてください。クライアントの心をつかむ、もっといい表現方法があるかもしれません。

ひらめきはいったん寝かせてみる

「これはおもしろい！」と思わず膝を打つようなひらめきがあったら、すぐにでも実行に移したくなるものですが、ちょっと待ってください。ときにはあえてペンディングにしたまま寝かせておくのも手です。

素晴らしいと感じた思いつきも、時間を置いてみれば意外と穴だらけで使えなかったり、逆に「こうすればもっとよくなる」ともっといいアイデアになったりもします。

前述のように、小説家や漫画家でも、「アイデアはいったん寝かせてから使う」という人は少なくありません。

寝かせたうえで、それでも使えると判断したものだけ形にしていけば、クオリティの高いものだけが残るはずです。

適応力を海外で全開にする

どれだけ柔軟な発想や自由な思考を心がけていても、同じ環境で同じメンツと過ごしていれば、どうしても新鮮さは失われます。

人間はどうしたって慣れてしまう生き物です。できれば定期的に、自分の中の適応力を鍛えておきましょう。

一番いいのは、言葉のまったく通じない海外へ行くことです。そこで数日過ごすには、適応力を全開にしてコミュニケーションをとらなくてはなりません。

海外旅行が難しければ、語学スクールや現地の人がやっているエスニック料理の店などでもいいでしょう。たとえ短い時間でも、自分の中の適応力を試して鍛えることは意味があります。

〝別キャラ〟になれる場所をつくる

あなたは職場ではどんなキャラですか？

何かと頼られるボスキャラ、まったく目立たない地味キャラ、飲み会で張り切るウザキャラなど、ざっくりでも周囲の共通認識による人物像があるはずです。

人によってはそうした周囲の目に縛られて、自らそのイメージに寄せていってしまうこともあります。「本当は女子力が高いのに、男勝りの姉御肌に見られて職場では素が出せない」なんてことはありませんか。

そこで提案したいのが、別のキャラになれる場所をつくることです。

たとえば、新しく始めた趣味の場なら、初々しい後輩キャラになることで、いつもとは違う言動や思考を試すことができるはずです。

手つかずの鉱脈は先に掘れ！

トイレ掃除や飲み会の幹事など、みんなが嫌がる仕事を率先してやれる人は一目置かれます。

企画を練るときも、同じです。誰もが敬遠する分野にこそあえてトライしたいものです。

ただし、この場合は「一目置かれるから」というのが理由ではありません。

みんなが嫌がるということは、そのフィールドはいわば未開拓地なので、アイデアの鉱脈も手つかずのままです。

そんなお宝を眠らせておくなんてもったいない。先に掘った者勝ちです。

散歩は好きですか？

音楽家のベートーヴェンや哲学者のカントにルソー、精神医学者のフロイト、物理学者のアインシュタイン、そしてアップル創業者のスティーブ・ジョブズ。

彼らには共通点があります。それは、散歩好きだったということ。ジョブズにいたっては打ち合わせまで歩きながらしていたとか。

私の頭は足と一緒にしか進まない
ルソー（哲学者）

足を動かせば、頭が冴えるのかもしれません。

満塁ホームランばかりを狙わない

壮大な絵を描こうとするのは悪いことではありませんが、キャンパスが大きすぎてかえって全体像が見えなくなることはありませんか。

「一発当ててやろう」という野心を持ちすぎると、空回りして周囲との温度差も感じるようになり、最終的に企画倒れになるのがオチです。

「人生に満塁ホームランはない。ゴロやバントを狙え」

日本マクドナルドの創業者である藤田田氏の言葉どおり、仕事も小さな成功の積み重ねが大切です。

まずはユニークな社内イベントでも企画して、社員の支持を得てみましょうか。

「カオス」を含んでみる

人生に少しばかりの「カオス」を導入することで、人間の脳のある部分が大いに活性化するという。

オリ・ブラフマン／ジューダ・ポラック

『ひらめきはカオスから生まれる』（日経Bp社）

カオスとは、「混沌」や「無秩序」のことです。

もちろん人生はカオスばかりでは成り立ちませんが、整然とした人生の中にカオスを含むと、それが斬新なアイデアや問題解決につながるというのです。

不真面目に過ごす時間も時には大切です。

予想を裏切るおもしろさを考える

ドアの前で立ち止まったら↓扉を開ける、朝起きたら↓顔を洗う、フォークとナイフを手にしたら↓目の前の料理を食べる。

このように、人は自動的に次の行動を予想しているものです。でも、それを裏切られると悔しいと感じる半面、その違和感をおもしろいと感じたりします。

コントや小説などのおもしろいと感じる部分は、だいたいがこのような予想の裏切りから生まれていると思いませんか？

どういう行動やセリフが人の予想を裏切るのか、一考の価値はあります。

ハマる時には無心でハマってみる

アップルの創業者であるスティーブ・ジョブズが、コンピューターの会社を立ち上げる前にハマっていたものはカリグラフィーでした。

中退した大学にもぐりこんで、看板に描くような美しい文字を手書きで書くことに夢中になっていたのです。

コンピューターとは何の関係もないカリグラフィーを学ぶことに時間を費やしたことは、10年後、あの熱狂的に支持されたマックを生み出すことに生かされたのです。

仕事とは関係ないけれど、どうしても好き、やりたいということがあれば、思いっきりハマってみることです。

動くモノの前後左右を見る

同じサッカーの試合でも、人によって見ているポイントはかなり違います。あまりスタジアムに行ったことがない人はボールを持っている選手だけに視線が集中しますが、選手の特徴までわかっている筋金入りのサポーターは、ボールを持っている選手だけでなく周りの選手の動きまでよく見ています。

決定的なシュートの瞬間だけでなく、その前後で何が起きたのかまで目を凝らしているので、ゲームをよりおもしろく観ることができるのです。

視野を少し広めにして、今〝動いている〟モノの前後左右に注視するだけで、人よりもたくさんの情報を得ることができるという一例です。

コストカットの流れに乗らない

コーンフレークなどのシリアルで有名なケロッグ社は、創業110年という老舗企業です。もちろん、1929年の世界大恐慌も経験しました。

不況になると企業がまずカットするのが広告費ですが、案の定、大恐慌のときも多くの会社が広告費を削り、倒産をまぬがれようとしました。

ところが、ケロッグ社はこの流れに乗りませんでした。広告の予算を倍にして、ニューヨークのタイムズスクエアに巨大広告を出したのです。

当時、朝食用シリアルの競合他社は40社以上ありましたが、この常識の真逆を突く戦略でケロッグ社がライバル社よりも一歩も二歩リードする存在となったのはいうまでもありません。

もしも戦国武将がPCを手に入れたら？

今の若者は生まれたときからインターネットが身近にあり、パソコンやスマホの扱いに躊躇がありません。

ところがその親の世代以上は、大人になってから使い始めたので、最初はおっかなびっくり。いまだに馴染めないという人もいます。

じゃあ、もしパソコンやインターネットを、たとえば戦国武将が手に入れたらどのように使うと思いますか。

そんなふうに、今の人にとって当たり前のものを昔の人が見たらどう思うのか。そして、昔の人が当たり前だと思っていたことを、現代人はどう思うのかを考えてみると、ユニークな発想が生まれてきます。

クレイジーなアイデアなんてない

世界的な人気パティシエであるドミニク・アンセルの店のテストキッチンでは、「クレイジーなアイデアなんてない」というモットーのもとで、新しいことをどんどん試すそうです。

その結果、クロワッサンとドーナツを融合させた「クロナッツ」が爆発的なヒットとなったのはご存じのとおり。彼の店は世界各国に出店する人気のベーカリーとなりました。

新しいものだけでなく、タブーなく既存のものを組み合わせることで成功につながったのです。

デメリットも反転させるとメリットになる

ものごとを多面的に見るクセをつけておかなければ、せっかくのチャンスを逃してしまいます。

アメリカの老舗ケチャップメーカーのハインツは、ライバル会社がチューブ入りの商品を次々に売り出したときに大きくシェアを落としました。ハインツの製品はガラス瓶入りがトレードマークで、チューブに比べて中身のケチャップを出しにくかったのです。そこで一計を案じた経営陣は、あるキャンペーンに打って出ます。なんと、「ハインツのケチャップが振ってもなかなか出てこないのは、ふんだんにトマトを使っているからです」とやったのです。これが当たって、ハインツはシェアを回復しました。

裏を返せばデメリットもメリットになるわけです。

Step 7

新しいことをひらめく

対岸にあるものを考えてみる

大人としての立ち居振る舞いには、常識をわきまえるというのが欠かせません。しかし、ときにそれが自由な発想を妨げることもあります。

たとえば、車の運転をする人にとっては「飲んだら乗らない」というのは当たり前の話ですが、その常識をひっくり返したところに、大ヒット商品の着想がありました。

２００２年に飲酒運転が厳罰化されたとき、「飲んでも乗れるモノ」を開発しようという逆転の発想から生まれたのがノンアルコールビールです。その後、新製品が続々登場する新たな市場ができたのはご存じのとおりです。

常識的な判断をしてしまいそうになったら、あえてその対岸にあるものを考えてみましょう。そこに手つかずのスポットがあるかもしれません。

聴き「ながら仕事」のススメ

聖徳太子は一度に10人の話を聞くことができたといいます。ふつうの人間はそこまではムリとしても、何かを聴きながら仕事をすることは可能です。

音楽でもいいですが、仕事をしながらであればラジオがおススメです。

しかも、ちょっとおしゃれな情報や音楽が多いFMより、ニュース番組があり、ときにはその道のプロがトークを繰り広げるAMのほうがおススメです。

ふだんあまり接しない経済情報や地域の情報など、自分のアンテナに「ん?」とひっかかるネタがあったらしめたものです。

ペンと紙をあちこちに置いてみる

おかしなことに必死でもがいているときは何も浮かばないのに、ボーッとしているときのほうが「ハッ！」とすることが頭をよぎるものです。

これは、モノづくりに携わるさまざまな技術者や職人などが一様に口にしていることです。

ならば、ポッと出たフレーズをいつでも、どこでも記録できるように自宅のあちこちにペンと紙を置いておきましょう。リビングルームや食卓はもちろん、トイレや洗面台、ベッドの脇などにもあるといいですね。

あらたまって考えごとをするところではない、予想外の場所のほうが、ひらめく確率は高いのです。

企画書を再利用する

大手企業ともなると1年間に出される企画書の類は数千から1万件にもなるといいます。1日当たり、数十件の書類が提出されている計算になります。

もちろん多くはダメ出しされたりして、お蔵入りしているはずです。

そこで、何をとっかかりにしていいのか迷ったときは、ボツになった企画書などを再利用してみるのです。

そのときは時世に合わなかったり、予算組みが甘かったりして却下されたものも、扱い方を変えてやれば再生する可能性大です。

そこから使える〝エキス〟をいただいたり、反対に、それをベースにして新たな情報や数字を加えて組み立て直せば、説得力のある真新しい別モノの企画が生まれること請け合いです。

いきずりの会話で
ヒントをいただく

「千ベロ」といえば、今や立ち呑み屋の代名詞です。

そのルーツは江戸時代にさかのぼりますが、じつはこの一杯呑み屋、あらゆる情報の発信地なのです。

客は大半が会社帰りのサラリーマン。案の定、会社や上司の悪口で盛り上がっているので、耳をそばだてていると最新の業界情報と㊙ネタをゲットできます。

しかも、1人客が多いので、たまたま居合わせた隣人と話が弾むことも少なくありません。ほろ酔い気分なのでちょっとカマをかければ、口も軽くなってくれます。

千円ちょっとで、いろいろな年齢や職業の人といきずりの会話を楽しみながらヒントをいただくというのも悪くはありません。

「計画された偶発性理論」を応用してみる

「個人のキャリアの8割は、予想もしない偶発的な出来事によって形成される」という理論を提唱したのは、アメリカのスタンフォード大学のジョン・D・クランボルツ教授です。

これを聞いて、「いやいや、本人の努力しだいでしょ」とツッコミを入れたくなった人もいるかもしれません。でも、この理論の中心にあるのは、「偶然のチャンスを自らつかみ取りに行く」という考え方です。

そのためには、好奇心と持続性、楽観性、柔軟性、リスクテイキングを持って行動する。アイデアのつくり方にも共通する理論なのです。

ただ待っているだけでは、何も手にすることはできないのです。

ひらめきを「朝メモ」でストック

ひらめきは朝、しかも布団の上で目を覚ましてから起き上がるまでの間に訪れることが多いといわれています。

このとき大切なのは、ひらめいたことを忘れる前にその場でメモに書き留めること。人は書くことで頭の中にイメージを定着させることができるからです。

この「朝メモ」を続ければ、アイデアは労することなくどんどん貯まっていきますよ。

体が動けば脳が動き出す

脳を活発に働かせるには、体を動かすのが手っ取り早い方法です。

たとえば、会社の中を歩いたり、コーヒーを入れたりと、できるだけ体を動かしましょう。ささいな動作でも、体を動かすことで思考力がグンとアップするはずです。

近年流行している「スタンドアップミーティング」では、立ったままというスタイルをとることで緊張感を保ち、効率のいい議論をすることができます。

打ち合わせ以外でも、立って体を動かしたり、同僚らと話すことで創造性が高まり効率も上るのだといいます。体が動けば脳が動き出すのです。

脳が好む思考法を探す

利き腕や利き足があるように、脳にもそれぞれタイプがあります。この脳による思考の特性で、その人が何を得意とするかの能力も変わってきます。

ＧＥ社のネッド・ハーマン氏が開発した「ハーマンモデル」によると、人間は、Ａ論理的で理性的な人、Ｂ計画的で堅実な人、Ｃ友好的で感覚的な人、Ｄ冒険的で創造的な人の４タイプに分類されるといいます。

たとえば、Ｄの人は直感的にひらめくタイプですが、Ａの人はロジカル思考で分析が得意なので、データを見ながら作業をすればインスピレーションが湧くかもしれません。

あなたの脳はどのタイプですか？

アイデアを似た者同士でくくる

ブレーンストーミングなどでいろいろな案を出し合うのは結構ですが、質より量に偏りがちで、どういうふうにまとめたらいいのかわからなくなることがあります。

そういうときに試してみたいのが「親和図法」です。ランダムに出たアイデアを似た者同士でくくり、それらを収束させるという手法です。

たとえば、「今後の営業方針」というテーマでブレストし、ひと通り案が出尽くしたら、カードなどに個別に書き出して並べてみます。

次に「価格を見直す」とか「営業ツールを分かりやすくする」など親和性のあるものをグルーピングし、そのグループに「現状改善案」などの名前をつけます。

こうすることで散り散りのアイデアを集約し、問題の本質を浮彫りにできるのです。

ガス抜きできる場所をつくっておく

どうにかして使えるアイデアをひねり出したいけれど、何をやっても浮かばない。こんなときはぐだぐだと考え続けるよりも、いったんその思考から離れるに限ります。

ですが、仕事人間に限ってガス抜きが下手なものです。できれば、ふだんから「これをやれば頭を空っぽにできる」という、いわば自分にとっての〝ガス抜き〟のパターンをつくっておきましょう。

たとえば、プラモデルづくりなどは、細かな作業をすることで無心になれるし、また、サウナに駆け込んでびっしり汗をかけば何もかも忘れるという人もいます。

大事なのは「これをやればリセットできる」というオートマチックな感覚を身につけることです。

賞味期限を気にするクセをつける

現代はものすごいスピードで移り変わっています。人間関係や社会のありようも例外ではなく、1年経てば何かしら変化しています。

であれば、今うまくいっているものが、来年も必ず成功するかといえば答えはNOでしょう。

「2年経ったら再検討、5年続いたら疑え。10年経ったら捨ててしまえ」とは、ニューヨークセントラル鉄道の元社長、パールマンが残した言葉です。

企画にもアイデアにも、そして仕事のやり方にも賞味期限があるということを覚えておきましょう。

青ペンで書きこむ

駅のホームに青色灯をつけたところ、自殺による人身事故が減ったというデータがあります。

その理由は、青という色が人間を冷静にさせるカラーであるという心理学的な根拠に基づくものですが、この効果は意外と侮れません。

たとえば、黒一色の手帳に青色を混ぜてみます。黒色のペンを使って予定を書き込み、青色はアイデアのとっかかりや、日々の暮らしで疑問に感じたことなど、フリーな内容をメモすると決めます。

くどいようですが、脳内を冷静にさせる効果があるのが青色です。これを続けていけば、青色のペンを持っただけで客観的かつ論理的な意見を書く（持つ）ことが習慣になるかもしれません。

手をちょっと動かしてみる

台所で皿洗いしているときが、本のプランをたてるのにいちばんよい時間です。

アガサ・クリスティー（イギリスの作家）

マスコミ嫌いだったことから「ミステリー界のグレタ・ガルボ」と呼ばれた、ミステリーの女王の言葉です。人見知りが過ぎて、メディアのインタビューはことごとく拒否していた彼女。台所に立っているときが誰にも邪魔をされない、至福の時間だったのでしょう。

煮詰まってきたなと感じたら、目の前の資料と格闘なんかしないで、まず立ちあがって、手を動かすことでちょっとだけ脳に刺激を与えるのがいいのです。

すると、ふうーっと頭がスッキリして観察力や洞察力が研ぎ澄まされていくのがわかります。名探偵エルキュール・ポワロもそうやって推理力を働かしていたかもしれませんね。

「当たり前」のことをする

日本人の働き方はニュースでもよく話題になりますが、広島県にある金属加工の会社は、残業をしないで、なおかつ仕事の量も減らさないようにするにはどうしたらいいか、社員自らが考えたことで話題になりました。

その結果、1人がいくつもの機械を扱う仕組みを採用しました。おかげで残業は3分の1に減り、生産性も向上したとか。

1人の仕事量を増やすわけで、一見当たり前のことのように見えますが、当事者になるとなかなかこの当たり前のことが見えないものです。

他人のアタマを拝借する

自分の経験や知識などはたかが知れている――。

思考の壁にぶち当たったときに、こんなふうに妙に悟ってしまったことがある人も少なくないのではないでしょうか。

たしかに30年、40年生きてきたからといっても、人ひとりが持っている知恵は知れたものです。

でも、そんな一人ひとりも複数になれば、まさに文殊菩薩に勝る知恵を出すことができるのです。

英語にも「Two heads are better than one.」ということわざがあります。つまり、1つの頭より2つの頭のほうが勝っているという意味です。

自分の頭で浮かばなければ、他人の頭を借りてみましょう。目の前がパッと開けるかもしれません。

一貫していることにこだわらない

音楽の世界では、不協和音が曲を豊かにするという説があります。美しい和音の調べの中に、時折現れる融け合わない和音。これが聴く人の心に引っかかりをつくり、強い印象を残すことになるのでしょう。

もちろん、まったく雑味のない美しいものにも魅力はありますが、清く正しく美しすぎるものはおもしろ味に欠けることもあります。

一貫性があることにこだわらず、わざと〝異音〟を差し挟むと新しい創造物が完成するかもしれません。

過去の栄光は捨て置く

一度成功を経験すると、それが逆にプレッシャーになってしまうことがあります。

今度も周囲から期待されていると重荷に感じてしまい、ここで失敗はできない、うまくやらねば…と自らを追い込んでしまうからです。

でも、哲学者のエマーソンは言っています。

「私たちの強さは弱さから生まれる」

自分の弱さを認識して受け入れることができれば、無用なプレッシャーから解放されて、もっとのびのびと考えたり行動したりすることができるはずです。

記号を使って言葉をつなげてみる

企画意図を明確に伝える際の説明は、ロジカルなほうが説得力があるのはいうまでもありません。

そこで、まずは大きな紙を用意して、そこに説明するのに必要なキーワードや文章など思いついたままに書いてみましょう。

すべて出尽くしたら、今度は「=」や「↓」、「×」などの記号を使って言葉をつなげていきます。そうすると、より説得力のある言葉が見つかったり、より具体的でわかりやすい文章や、思いもつかない方向性が見えてきたりします。

頭の中をスッキリとさせるのにもいいトレーニングになります。

喫茶店でおしゃべりする

頭がフリーズして動かないと思ったらコーヒーブレイクを。

最近では、誰でも本格的なコーヒーが淹れられるマシンも登場し、オフィスでもおいしい一杯が楽しめるようになりました。

でも、いくらお店のようなコーヒーを飲んだからといっても、場所がいつものデスクでは気晴らし効果も半減です。しっかりとリフレッシュしたかったら、一度外に出てみることをおすすめします。

コーヒーを飲むなら喫茶店で。欲をいえば昔ながらの店で、新聞や雑誌をめくりながらゆっくりと。

さらに欲をいうなら、マスターと気軽に世間話ができるライトな関係になっておくと、仕事から完全に頭を切り離すこともできます。

そういういきつけの１軒が見つかればラッキーですね。

まず、タイトルを決める

2016年の本屋大賞に輝いた宮下奈都さんの作品に、『田舎の紳士服店のモデルの妻』（文藝春秋）という小説があります。

ちょっと変わったタイトルのこの作品、じつは主人公の情景が浮かび、それをタイトルにしてから書き始めたのだそうです。

頭の中にある考えを文章にするときにも、タイトルがしっかりと決まっていると、話がどんなに横道にそれようが、あらぬ展開になろうともきちんと着地点に戻ってこられます。

いつも、書きながら結局何を伝えたいのかがわからなくなってしまうという人は、まずタイトルを決めるところから始めてみませんか。

ピン！　ときたら自分で自分にメール

ふらっと散歩に出たときや仕事モードになっていないときに限って、なぜか「あ、これっておもしろいかも」とピンとくるものです。

しかも、そういうときに限って筆記用具が手元にない――。でも、携帯電話やスマホなら常にポケットに入っているという人は多いでしょう。

そこで、おもしろいネタを見つけたら、それをメールに打ち込んで自分宛てに送ってしまいましょう。

スマホのメモ機能を使う人もいますが、それよりはメールのほうが画像や動画も添付できて使い勝手もいいし、あとで整理をすることを考えると一石二鳥です。

小さな本屋さんをのぞいてみよう

考えに行き詰まったら行きたい場所、それは小さな本屋さんです。

最近は昔ながらの書店の閉店が相次いでいますが、小さな本屋さんでこそ〝今〟の空気を感じることができます。

なぜなら、スペースが限られている分、厳選された本が並んでいるからです。大型書店ならありとあらゆるジャンルの本を並べることができますが、小さな店ではそうはいきません。

しかも、ネット書店の売れ筋ランキングには入っていないような、興味を引く一冊に出会えるのもリアルな店舗ならでは。

近くにそんな店がなければ、駅ナカの小さな書店もおすすめです。

二番手は最新情報ナリ

人間の思考は、自分が思っている以上に第一印象に左右されるそうです。

特にはじめて見聞きしたときに嫌悪感を抱いてしまったりして、ネガティブなイメージを持ってしまうとなかなかその印象をぬぐうことができません。

その後にどれだけポジティブな情報を与えられたとしても疑わしく思えてしまうのです。

一度、思い込んでしまった人の心を変えにくい原因はそこにあります。あなたにも思い当たるふしがあるのではないでしょうか。でも、それではよりよい判断にはなりません。

そこで、「二番手の情報＝疑わしい情報」ではなく、「最新情報」ととらえるようにしましょう。それだけで、思考をニュートラルにすることができるのです。

弱虫になったら「しぐさ」を改造する

仕事となるとつい弱気な部分が出てしまい、考え抜いた企画や発言もどことなく押しが弱くて説得力がなくなってしまう。

そんな自分を変えたかったら、まずは「しぐさ」から変えてみましょう。

人は誰しも「積極型部分」と「消極型部分」の両方を持ち合わせています。つまり弱気になってしまうのは、積極型部分が消極型部分に負けているためです。

たとえば、話をするときに口に手を当てたり、猫背で歩幅が狭かったり、視線を合わせない人はネガティブに見えます。

逆に大股で颯爽と歩き、まっすぐに相手の目を見て話す人はポジティブに見えるし、実際に仕事のできる人はそんなしぐさの人が多いものです。

まずはしぐさから。そうすれば、相手に強く訴えかける発想も湧いてきます。

5つ数えて集中力を取り戻す

疲れると集中力がなくなってくるのは、自律神経の乱れが原因です。そこで、「自律訓練集中法」でリラックスして、集中力を取り戻しましょう。

①まず、ゆったりと座って目を閉じ、気持ちを落ち着ける
②次に手足に重りがぶら下がっているとイメージする
③手足が温かくなってきているなとイメージする
④穏やかな鼓動をイメージし、ラクに呼吸する
⑤お腹が温まってきているとイメージする
⑥顔に涼しい風が当たっている感じをイメージする

さあ、5つ数えて目を開けてみてください。

時には思い違いをしてみよう

人は今まで蓄積してきた情報や知識、経験を基にして、新しい情報を判断します。心理学では、このようなあらかじめ持っている情報のかたまりを「スキーマ」と呼びますが、ときにこのスキーマが邪魔をして思い違いをしてしまうことがあります。

顔にピッタリとフィットし、口元の部分に隙間が設けられた「超立体マスク」は、開発当時、鳥のくちばしのようなユニークなデザインが消費者に受け入れられないのではと担当者がやきもきしたといいます。

しかし、それはとんでもない思い違いで、消費者は見た目よりも機能性を重視していることに気がつき、発売すると爆発的なヒットとなりました。

思い違いもときには大バケするというお話です。

〝ポーズ〟が集中力をアップさせる

２０１５年のラグビーW杯で、強豪の南アフリカを制して注目を集めたラグビー日本代表。その活躍とともに話題になったのが、いわゆる〝五郎丸ポーズ〟でした。

あのペナルティーキックを蹴る前の独特なポーズは、五郎丸選手にとって「無意識に行う手順」、つまりルーティンといわれるものです。

ところでルーティンとは意図的にやっているものではなく、集中力を高めようとしたときに自然に出てくるものです。

もしかすると、机の上にきれいに資料を並べて腕まくりするなど、仕事に取りかかる前に自然といつもの動作をしているのではないでしょうか。

ここぞというときには、丁寧にその動作をたどってみると集中力がぐっと増すはずです。

大げさなタイトルをつけてその気になる

テレビの通販番組では「業界で話題騒然！」とか「赤字ギリギリ限界突破！」のような大げさなフレーズを連呼するのがお決まりですが、これを過剰演出と鼻で笑うなかれ。消費者をその気にさせるのに、やはりこうした宣伝文句は効果バツグンです。

「その気になる」「その気にさせる」のは、受け手はもちろん送り手にとっても大事なことです。

たとえば、企画書の草案にも「○○社　新企画ご提案」よりも、「業界の常識を覆す○○社の新プラン！　100万人が待っていた○○、この秋待望のデビュー！」などと、大げさなタイトルをつけたほうが、たとえまだ中途半端なアイデアでも、その気になって仕上げようと力が入るものです。

相手の〝面白い〟のツボを知る

大マジメな内容でありながら、多くの人に笑いをもたらす研究成果に対して表彰されるのがイグノーベル賞ですが、２０１６年も日本人研究者が前かがみになって自分の股間から後方を見ると実際より小さく見える「股のぞき効果」の研究で受賞しました。

おもしろいのは、この研究の学会発表は国内ウケこそイマイチでしたが、ヨーロッパでは大絶賛だったという事実です。

股の間から見ると、松林が天に伸びているように見えるという兵庫県の景勝地・天橋立の「股のぞき」にヒントを得たことは日本人ならピンときますが、それを知らない外国人にはこのバカバカしい発想が新鮮に映ったのでしょう。

何をおもしろいと感じるか、相手のツボは意外なところにあるかもしれません。

「限定」を意識してみる

「先着10名様限定」とか「期間限定」という謳い文句に釣られて、つい買わなくてもいい買い物をしてしまったことはないでしょうか。

これは「希少性の原理」といって、限られたモノを手に入れることで優越感や満足感を得たいと思う人間心理です。

行き詰ったときには、この原理が使えます。

たとえば「人」や「モノ」、「数字」、「時間」、「場所」など、限定の対象となるものはいくらでもあります。

これ（商品など）は何を限定して希少性を高めればウケるのか、と考えるだけでワクワクしてきませんか。

実際に、スーパーなどでは「限定」や「プレミアム」を意識した商品がずらりと並んでいるので、まずはそれらを見てからでもいいですね。

あえて空気を読まない人になる

少し前に、空気の読めない人や言動を意味する「ＫＹ」という言葉が流行りましたが、その裏側には、和を重んじるという日本人ならではの価値観があります。

ですが、空気を読みすぎるあまり自分の感情や発言を抑えるのは、クリエイティブな思考をも制御してしまうことにもつながります。

ならば、「あえて空気を読まない」というのもアリでしょう。もっといえば、「空気を読めない人のフリ」をするだけでもいいのです。

その結果、一時的に場を乱したり、反感を買うかもしれません。でも、そういう人がひとりいると、それまでの既成概念が打ち破られ、一見風変わりなアイデアでも受け入れてもらえるような自由な空気が生まれるのです。

天気の話で〝幅〟を広げる

道端でお年寄りが会えば「今年は長雨ですね」とか「めっきり寒くなりましたね」などと、やたらと天気の話をしています。

若者からすれば何の意味があるのかと首をかしげたくなりますが、①誰もが知っていて、②平等に体験し、③誰も傷つけず、④自己主張が苦手な人も話しやすい話題ということで、どんな世間話よりも無難なのです。

さらに「こう暑いと○○が食べたくなりますね」とか「明日は雪が降るらしいですが、車のタイヤは履き替えましたか」など、一度のターンですぐに別の話題へと発展しやすいのも特徴です。

世間話から話の幅を広げるなら、天気の話がもってこいというわけです。

野生のカンで走る

今はカーナビがあれば容易に目的地に到着できますが、カーナビに頼りきっていると、とっさのときに「あっちだな」と判断するカンが鈍ってしまいます。

こうした野生のカンは思考力や判断力に影響します。

最初はただの思いつきでしかないアイデアを正しい方向に導くのにもこの力は不可欠です。

時間のある休日は、あえてカーナビを使わずにドライブしてみましょう。

昔の人のように太陽の位置を見ながら走って、野生のカンを養ってください。

未来のトレンドを閲覧する

現在、頭の中に眠っているアイデアが形となって実現するのはどのくらい先でしょうか。納期が決まっていれば納期までに、決まっていなければ何カ月先、何年先かを想定して企画を立てているはずです。

この段階でぜひともしておきたいのが、日本の未来に起こるであろうことのチェックです。

たとえばネットでは、電通の「キザシペディア」や博報堂の「未来年表」など、何年か先までの消費者動向や社会の変化を予測するサイトが閲覧できます。

こうした未来のトレンドを加味することで、より実効性の高い企画になるのです。

〝超短昼寝〟でひらめき力を上げる

独特な作風で愛される芸術家のサルバドール・ダリは昼寝の達人でした。彼のやり方はこうです。

指に鍵を乗せてイスに腰掛け、居眠りをしているとその鍵が落ちて、あらかじめ下に置いた皿に当たり、その音によって目が覚めるというのです。

この「鍵の昼寝」で得られるのはきわめて短い睡眠ですが、目覚めたときには創造性やひらめきが増した、と自ら語っています。

最近は昼寝の効用が注目され、オフィスでも昼寝の時間をもうけている企業もあります。

わずかな時間でも頭を休めることで、能率がアップするだけでなく創造力も上がるのは間違いなさそうです。

クレームに改善箇所を探させる

大手のスーパーに行くと、「お菓子の棚は商品が探しにくい」という客のクレームと、「申し訳ありません。見直して改善しました」といった店側の対応のやり取りが掲示されていることがあります。

どんな仕事にも顧客がいます。一生懸命考えたアイデアにケチがつくこともあるでしょう。

でも、その中には必ずアイデアの種が埋もれています。「改善の余地がある場所」を、わざわざクレームが教えてくれるのですからこれを活かさない手はありませんよね。

モニターと一緒に買い物に行く

商品開発にマーケティングはつきものですが、個人でできる簡単な方法を紹介します。それはターゲットに近い人の買い物に同行させてもらうことです。

どういう町で、どういう店に入り、何を買って何を買わないのか。その理由は何なのか。

これを知るだけでもアイデアを肉づけする材料がたくさん集まるはずです。

できれば、ふだんからこうした調査に協力してくれるモニターさんを確保しておきたいところです。

現実味が増す数字の挟み方とは？

ぼんやりしたマトはずれの企画に、まとまらない内容。これをどうにかして使えるものに仕上げたいときは、数字の力を借りましょう。

「100万人が泣いた！」「当社比40パーセント！」など、宣伝文句に数字があると途端にリアリティが出るように、草案にも数字が入れば一気に現実味を帯びてきます。

幸い今はネットがあるので、気になる数字は検索すればすぐに手に入ります。「20代の50パーセントが所有」とか「8人に1人の割合で悩んでいる」など、具体的な数字データを挟み込めば、内容にも厚みと説得力が増してきます。

ことわざでひと味つける

先人たちの知恵によって生まれた名言集といえば、なんといってもことわざです。お金もかからないので企画書や商品名、プランの名前などに遠慮なく引用させてもらいましょう。

たとえば「棚からぼた餅」などは「タナボタ」と略され、今や若者も普段使いするキャッチーな言葉として日常に溶け込んでいます。

しかも権利問題が発生しないため、使用許可は不要、アレンジも自由自在です。

また、色を添えたいと思ったら、古今東西のことわざをあたってみましょう。思いがけないひらめきがあるかもしれません。

名づけ親になってみる

名づけといっても子どもの名前ではありません。身の回りの名もなきモノのネーミングを考えるのです。

たとえば、ペットの毛が落ちた床の掃除などに使う粘着クリーナーは、今や「コロコロ」で通じますが、最初にコロコロと呼んだ人が必ず存在しているはずで、それが絶妙なネーミングだったからこそこれだけ世間に浸透したのでしょう。

このように「なんて呼ぶのかわからない」モノや、正式名称がまどろっこしいモノにはどんどん名前をつけましょう。

「なんスかそれ？」とか「うまいこと言いますね（笑）」などと返されたらしめたもの。周囲の反応で自分のセンスが計れます。

「暗記」で思考力を刺激する

世の中が便利になったこともあって、現代人の暗記する力は失われているといわれます。昔ならいくつか電話番号はソラで言えたものですが、今、ケータイの番号を見ないで言える友人は何人いるでしょうか。

もしかしたら配偶者の番号ですらメモリー頼みではありませんか。

音楽もそうです。昔はＣＤや雑誌を買わないと歌詞はわかりませんでしたが、今はネットで調べれば一発で検索できるし、カラオケなら字幕がガイドしてくれます。

思考力は脳が活性化していないと発揮されません。歌詞、文学、劇のセリフ…。なんでもいいので「暗記する」ことを目的に脳のトレーニングを。

サプリになる人を得る

大企業の経営者やトップアスリートなど、一流の人が口を揃えていうのは「師を持つこと」の大切さです。

ですが、「ごくごく平凡な人生を生きてきた自分にとっては恩師と呼べる存在などいない」という人も多いでしょう。こういう人は「師」ではなく、自分にとって「サプリメントになる人」を探してみてください。

仕事に迷ったとき、アイデアに詰まったとき、師は道しるべを教えてくれるかもしれませんが、心がすり減ったときに欲しいのは「教え」よりも「元気」です。

友だちでも先輩でもかまいません。「この人に会えば元気が出る！」「生き返る！」という、サプリメント的な役割を果たしてくれる人が身近にいることが大事です。

色メガネで物事を見る

芸能人の中には目が悪くなくても伊達メガネをかけている人がいます。

もちろん、その目的はイメージづくりですが、ビジネスパーソンにおいてもそれは同じように効果的で、いつもと違う印象を演出できるというメリットがあります。

また、メガネをフィルター感覚にして物事を見るという心理効果も期待できます。

「今日はひと味違う見方をしたい」と思ったときに装着してみてください。

新鮮な気持ちで見ることができます。

ひねくれ者の感性を学んでみる

世の中にはいわゆる〝へそ曲がり〟と呼ばれる人がいます。

人間関係においてはこれほど面倒くさいものはありませんが、創造性という観点で見ると、このひねくれた感性が唯一無二の魅力になり得るのはうらやましい限りです。

たとえば、夏目漱石の門下生で作家の内田百閒は川柳で「長い塀　つい小便がしたくなり」と詠んだことがあります。

文壇きっての変わり者といわれた百閒が、どこまでも続く塀を見てふと思ったことは、まさかの立ち小便についてでした。

さて、あなたは長い塀を見たら何を詠みますか?

アトリエを持とう

いいアイデアにいい環境は欠かせません。仕事を終えて退社をする前にきちんとデスクの上を片づけることは、社会人として当たり前の行動です。

でも、長いスパンを必要とする仕事を手掛けているときには、仕事が終わるまでモノを出しっぱなしにしておいても誰にも文句を言われないスペースがあるのが理想です。

資料やノートは開いたまま、ペンも使いっぱなし、壁にメモを貼りつけて、床にも切り抜きを広げた状態のままにしておけば、このスペースに戻るだけでアタマもカラダもスムーズに動き出すからです。

毎日、義理堅いほど片づけていては、こうはいきませんから。

欲をいえば、アトリエのように好き勝手に使える空間があれば最高です。

もう一歩、先へ！

ああ、なんでこうつまらないことばかり浮かぶんだろうとため息をついたあなた、ラッキーですね。

「つまらない」の反対語は？

「おもしろい」ですよね。

つまらない案が思い浮かんだら、それと真逆のことを考えればおもしろいアイデアになるのです。

いい案が浮かばないと悩んでいる人は、だいたいそこで諦めてしまう人です。もう一歩先に進めば誰だってグッドアイデアをひねり出すことができるのです。

まずアホらしいことを言ってから

ある会社のリーダーは、会議などで社員が頭を悩ませているときに限って、アホらしいことを言うようにしているそうです。

そうすると、まず笑いで場の緊張感がほどけます。次に、「○○さん、それはムリでしょう（笑）」などと、誰かが気楽にしゃべり出します。

そして、ある程度ムダ話に花を咲かせると、まじめな話に戻っていく。そこから、活発な議論が再開するのです。

あっぱれですね。

鵜の目鷹の目で、自腹で呑む

情報交換と称して、仕事関係やそうでない人とも一緒に酒を呑むことは社会人ならよくあることです。

このとき、絶対にしてはいけないのは他人のおごりで呑むことです。相手にお金を出させると対等ではなくなるのはもちろん、何かを得てやろうという真剣な気持ちも酔いとともに失せてしまいます。

しかし、身銭で呑むと貪欲になれます。いい機会だからこの人から何かネタを持ち帰ってやろうという気持ちになります。

呑むときも鵜の目鷹の目で！

常識を覆すと高値で売れる

吸引力の落ちない掃除機にはじまり、羽のない扇風機にドライヤー。イギリスの電気機器メーカー、ダイソンの勢いが止まりません。

6万円の扇風機も世間をあっといわせましたが、ドライヤーの5万円という驚愕の値段も今までの常識ではとても考えられないものでした。

しかし、その値段以上に驚かされたのが、風を起こすためは羽が必要だという常識が覆されたこと。

「いったいどうなってるの⁉」という新鮮な驚きを与えてくれたことを、私たち消費者は素直に楽しんだはずです。

人の心を引きつける吸引力も抜群でした。

誰にとって不完全なのか

何事も完璧ということはありません。

ある人にとっては完璧であっても、ほかの人にとっては物足りない部分があったり、国が違えば使いづらかったり。どこかに不完全な部分が必ずあるものです。

でも、その部分を改善することで、新たな需要が生まれます。

さまざまな職種が並んでいる求人誌や世界地図を広げて、誰にとって完璧で、誰にとって不完全なのかをイメージしてみると悪くないかもしれません。

ところ変われば…

訪日外国人が増えている昨今、各地で開催されている骨董市が外国人観光客でにぎわっているといいます。

彼らのお目当ては、もちろん日本の美術品や道具ですが、その使い方が斬新すぎるのです。

たとえば、着物の帯をアレンジして壁にかけてタペストリーにしたり、なんと剣道の防具をオブジェとしてリビングに飾るという人も。

ほかの用途に使えないかと考えれば、まだまだ可能性は無限大に広がりそうです。

身の回りの珍現象を探せ！

電子レンジの発明秘話をご存知ですか？

20世紀のはじめ頃、アメリカのレイセオン社で働いていたレーザー装置担当の技師パーシー・スペンサーは、マイクロ波の誘導装置の前に立っているとポケットの中に入れていたチョコバーが溶けていることに気づきました。スペンサーは、「もしや」と思いました。マイクロ波によって加熱が起こっているのではないかと考えたのです。

そこで、この装置の前にポップコーンを置いてみたら、コーンがはじけて部屋中がポップコーンだらけに。これが電子レンジの開発につながりました。

ここまで専門的でないとしても、身近なところで起きている珍現象には好奇心を持って反応したいものです。

しなびたダイコンはまだ使える

冷蔵庫の野菜室を開けてみたら、しなびた大根が出てきました。明らかに鮮度を失っています。さて、どうしますか？

千切りにしてから水につけて再びシャキっとさせる方法もありますが、すでに水分が抜けてしまっているのだから、薄切りにしてさらに乾燥させて干し野菜にすることもできます。

また、大根はしなびたほうが甘みが出ておいしいという意見もあります。

しなびたからもうダメだとあきらめてしまい、ゴミ箱行きにするのは食材だけでなく、発想力を鍛えるチャンスも一緒に捨ててしまうことになるのです。

“ゆるい気分”で書き写す

頭の中である程度考えがまとまり、それを文章にまとめようとすると手が止まってしまう。それは、きっと自分にとって改まった、慣れない書き方をしようとしているからではないでしょうか。

そういうときには、いきなりまとまった文章にするのではなく、ふだんの話し言葉で頭の中にあるイメージや文言を書きつけていけばずいぶんと気が楽になります。

たとえば、地元の友人に方言を使ってメールするときのように「ひらめきだけに頼らんでも、発想力は鍛えられるけん」と書けば、変にかしこまることはありません。ゆる～い気分でスラスラと言葉が出てきます。

全部出し切ってから、標準語に清書すればＯＫです。

使い道は本当にそれだけ？

キッチンには炊飯器やオーブントースター、洗面台には歯ブラシとタオル、机にはペン立てとブックエンドなど、よほどのこだわり屋でない限りどこの家にもごくありふれた生活用品が存在しています。

では、このごくありふれたものに、何か別な用途を見出すことができるでしょうか。

たとえば、長い間ご飯を炊くためだけに使われてきた炊飯器の保温機能を使って、自家製ヨーグルトをつくった人がいます。

金属製のブックエンドは熱伝導に優れていることから、冷凍庫の中にある冷凍食品を立てて並べるための仕切りに使うということを考えついた人もいました。

さあ、好奇心の塊になって身の周りのモノをいろいろな角度から眺めてみませんか。

レム睡眠が発想を手助けする

アメリカの心理学会で発表された研究の中に、「仮眠の間に行われたレム睡眠中に見た夢に、アイデアを生み出す作用がある」というものがあります。

行き詰まって疲れたときは、思い切って仮眠を取ってみるのも手です。

浅い睡眠であるレム睡眠では、感覚は鈍くなっているものの大脳は覚醒時に近い状態で働いています。そのときに過去の刺激や記憶を再構築したものが夢なのです。

つまり、頭の中が情報でいっぱいになった状態で仮眠を取れば、夢の中でそれを取捨選択できる可能性があるということです。

仮眠をとることで疲れが解消したうえにアイデアを生んでくれるとしたら、いいことずくめ。

おもちゃ売り場は大人の世界の縮図

子供を持つ親にはなじみのあるおもちゃ売り場ですが、じつはここはアイデアの宝庫なのです。

子供のおもちゃというのは流行り廃りが早く、目まぐるしく商品が入れ替わっていきます。

つまり、次々に新しいものに出会えるうえに、男の子向けなら大工道具のセットやコンピューターのおもちゃ、女の子向けなら実際に調理ができるクッキングトイや大人顔負けのメイク道具など、大人向けの製品のミニチュア版といった精巧な商品も少なくありません。

おもちゃ売り場は、まさに大人の世界の縮図そのもの。参考にしない手はありません。

キリが悪いところで終わらせる

作業がはかどっているときは、つい時間を忘れて作業を続けたり、「キリのいいところまでやろう」と時間を長引かせてしまうことがあります。

これは一見正しい選択に思えますが、ときにはあえて「キリが悪いところ」で終えてみてはどうでしょうか。

キリが悪いところで終えると、「早く完成させたい」という欲求が高まります。これは、「ツアイガルニック効果」という心理作用です。

この心理によって作業に対するモチベーションが高まって、かえっていい結果を生むのです。

定時にあがって畑を耕す

四六時中、仕事のことばかり考えていても発想力は鍛えられません。仕事以外の世界に触れ、人生をエンジョイしてこそ人間の幅も仕事の幅も広がるというものです。

一歩オフィスを離れたら、仕事のことはスパッと忘れましょう。趣味に打ち込むのもいいでしょう、同級生と学生時代の思い出にふけるのも悪くありません。

仕事以外の世界を充実させることが、豊かな発想を生み出す畑を耕してくれるのです。

行きつけのマスターになってみる

大人になればなるほど、先入観や固定観念にとらわれるものです。しかもこれらの観念は、自由な発想の対極にあります。

そんな固定観念や先入観を取り払うために、「ロールプレイング」の手法を取り入れてみてはいかがでしょうか。

親戚のおばさんや学生時代の友人、行きつけの呑み屋の店主など、ふと思いついた人物でかまいません。

彼らならどう考えるのか、マスターだったらどう言うだろうという視点を持つことで、それまでとらわれていた思い込みから解き放たれるはずです。

●参考文献

『企画で勝負をしている人のアイデアのワザ』（芳月健太郎／明日香出版社）、『思考のチカラをつくる本』（白取春彦／三笠書房）、『1日1分　最高にウマくいく人の心の習慣術』（匠英一監修／青春出版社）、『偉大な発明に学ぶアイデアのつくり方』（三原康司、黒須誠治監修／日経BP社）、『アイデアのおもちゃ箱　独創性を伸ばす発想トレーニング』（マイケル・マハルコ著、斎藤勇監訳、小沢奈美恵・塩谷幸子訳／ダイヤモンド社）、『他人の心理が裏のウラまで読める本』（匠英一監修／青春出版社）、『ペンギン、カフェをつくる』（三谷宏治／東洋経済新報社）、『ひらめきはカオスから生まれる』（オリ・ブラフマン、ジューダ・ポラック著、金子一雄訳／日経BP社）、『考え方の基本―なるほど！　図解で問題解決―』（プレジデントムック２０１３年／プレジデント社）、『常識破りの組織に変える33人の否常識』（グループ・オブ・33、セス・ゴーディン編／きこ書房）、『ビジネスマン 一歩差をつける新聞の読み方』（田中豊蔵監修／青春出版社）、『ものを考える人―「頭をよくする生活」術―』（渡部昇一／三笠書房）、『赤めだか』（立川談春／扶桑社）、『世界発明発見科学史1　世界を変えた発明―エジソン／ファラデー／ベル―』（雀部晶監修／学習研究社）、『自分のアタマで考えよう』（ちきりん／ダイヤモンド社）、『ひらめきをカタチに変える58の方法』（茂木健一郎／PHP研究所）、『ダメなパターンから抜け出すためのちいさな工夫』（吉山勇樹／サンクチュアリ出版）、『「お金を稼ぐ人」の5つの習慣』（藤井孝一監修／青春出版社）、『アイデア開発法』（C・H・クラーク、小林達夫訳／ダイヤモンド社）、『図解　奇跡の文具術』（榎本勝仁／青春出版社）、『面白いほどわかる　発明の世界史』（中本繁実監修／日本文芸社）、読売新聞、日本経済新聞、夕刊フジ、ほか

●参考ホームページ

オオツカ・プラスワン、ハフィントンポスト、流通ニュース、アイデア総研、ナショナルジオグラフィック日本版、cakes、にっぽんのマーケター、academyhills、モバイルコア、ラフハックス、CAREERHACK、NIPPON DESGIN CENTER、日建協、ジーンズショップアメリカ屋、シゴタノ！、JAIRO、ほか

編者紹介

ライフ・リサーチ・プロジェクト
現代社会の現状と未来をさまざまな角度から分析すべく結成されたプロジェクトチーム。卓越した取材力と冷静な分析力を持ち味とする。
本書では、定番の発想法から、最新のアイデア術まで、「できる大人」の考え方のコツを満載。
思考の「壁」を打ち破る、一生モノの思考法事典！

「ひらめく人《ひと》」の思考《しこう》のコツ大全《たいぜん》

2017年2月5日　第1刷

編　　者　ライフ・リサーチ・プロジェクト

発行者　小澤源太郎

責任編集　株式会社プライム涌光
電話　編集部　03(3203)2850

発行所　株式会社青春出版社
東京都新宿区若松町12番1号〒162-0056
振替番号　00190-7-98602
電話　営業部　03(3207)1916

印刷・大日本印刷　　製本・ナショナル製本

万一、落丁、乱丁がありました節は、お取りかえします

ISBN978-4-413-11203-1 C0030

できる大人の大全シリーズ

そんな仕組みがあったのか!
「儲け」のネタ大全《たいぜん》

岩波貴士

ISBN978-4-413-11160-7

誰もがその先を聞きたくなる
地理の話大全《たいぜん》

おもしろ地理学会[編]

ISBN978-4-413-11161-4

隠された歴史の真実に迫る!
謎と暗号の世界史大全《たいぜん》

歴史の謎研究会[編]

ISBN978-4-413-11169-0

話してウケる! 不思議がわかる!
理系のネタ全書

話題の達人倶楽部[編]

ISBN978-4-413-11174-4

90万部突破！ 信頼のベストセラー!!

できる大人の
モノの言い方
大全《たいぜん》

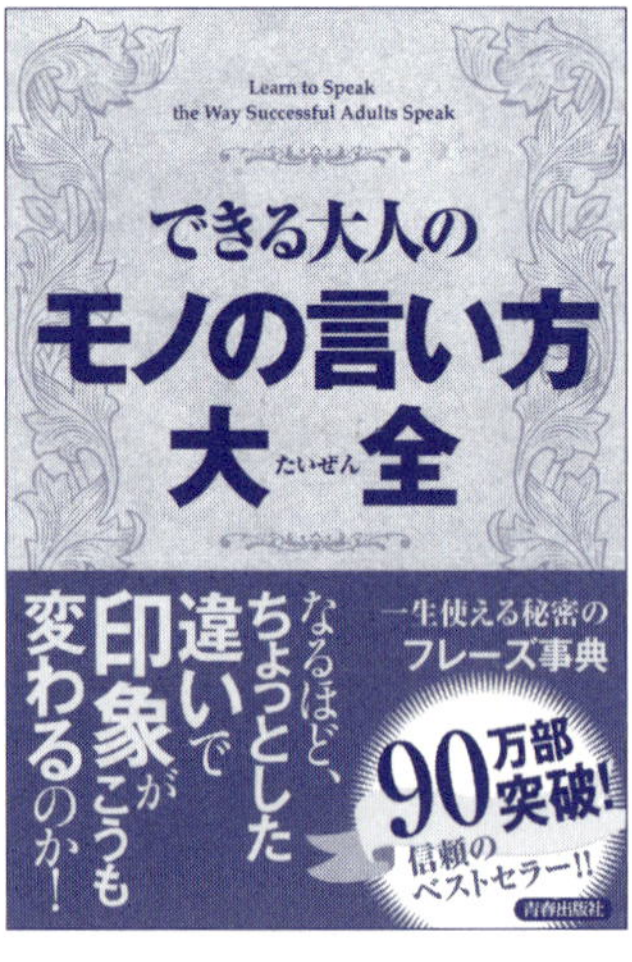

話題の達人倶楽部［編］

ほめる、もてなす、
断る、謝る、反論する…
覚えておけば一生使える
秘密のフレーズ事典

**なるほど、
ちょっとした違いで
印象がこうも
変わるのか！**

ISBN978-4-413-11074-7
本体1000円＋税